WALDO VIEIRA
Espírito André Luiz

Sol nas almas

Copyright © 2022 *by*
FEDERAÇÃO ESPÍRITA BRASILEIRA - FEB

Direitos licenciados pela Comunhão Espírita Cristã à Federação Espírita Brasileira
COMUNHÃO ESPÍRITA CRISTÃ – CEC
Rua Professor Eurípedes Barsanulfo, 157/185 – Parque das Américas
CEP 38045-040 – Uberaba (MG) – Brasil

1ª edição – 1ª impressão – 3 mil exemplares – 1/2023

ISBN 978-65-5570-493-8

Esta obra foi revisada com base no texto da primeira edição de 1964.

Todos os direitos reservados. Nenhuma parte desta publicação pode ser reproduzida, armazenada ou transmitida, total ou parcialmente, por quaisquer métodos ou processos, sem autorização do detentor do *copyright*.

FEDERAÇÃO ESPÍRITA BRASILEIRA – FEB
SGAN 603 – Conjunto F – Avenida L2 Norte
70830-106 – Brasília (DF) – Brasil
www.febeditora.com.br
editorial@febnet.org.br
+55 61 2101 6161

Pedidos de livros à FEB
Gerência comercial
Tel.: 61 2101 6161 – comercial@febnet.org.br

Todo o papel empregado nesta obra possui certificação FSC sob responsabilidade do fabricante obtido através de fontes responsáveis.
FSC na origem C010014
* marca registrada de Forest Stewardship Council®

Dados Internacionais de Catalogação na Publicação (CIP)
(Federação Espírita Brasileira - Biblioteca de Obras Raras)

L953s   Luiz, André (Espírito)
          Sol nas almas / pelo Espírito André Luiz; [psicografado por] Waldo Vieira. – 1. ed. – 1. imp. – Brasília: FEB; Uberaba: CEC, 2023.

          224 p.; 23cm

          Inclui índice geral

          ISBN 978-65-5570-493-8

          1. Espiritismo. 2. Obras psicografadas. I. Vieira, Waldo, 1932–2015. II. Federação Espírita Brasileira. III. Título.

CDD 133.93
CDU 133.7
CDE 80.03.00

Sumário

Sol nas almas – Emmanuel 10

1 | Ano após ano 13

2 | Apoio vivo 16

3 | Estimulantes deprimentes 19

4 | Noutras searas 21

5 | Espiritismo e alegria 24

6 | Evolução do Espiritismo 27

7 | Violadores de almas 30

8 | Tua hora de humildade 33

9 | Pontos essenciais para os cônjuges 36

10 | Casamento e divórcio 39

11 | Nascer, viver e morrer bem 42

12 | Doença da alma 45

13 | Ideal espírita 48

14 | Ideal e segurança 50

15 | O minuto 53

16 | Servir sem exigir 56

17 | Pensar por nós 59

18 | Paciência de uso externo 61

19 | Mocidade 64

20 | Dar 66

21 | Estímulo 68

22 | Religião e vida 71

23 | O momento de Deus 75

24 | Entregar para Deus 78

25 | Tesouro divino 80

26 | Sugestões 84

27 | Não tanto quanto 87

28 | Um terço a mais 89

29 | Defesa da verdade 92

30 | Prejuízos e vantagens 95

31 | Dez apontamentos básicos da desobsessão 98

32 | Propriedades 101

33 | Interdependência 104

34 | Espírita e comunidade 107

35 | Mal-entendidos 109

36 | Piedade 111

37 | Valores da vida 113

38 | Reforma espírita 116

39 | Caridade do dever 119

40 | Caridade da justiça 121

41 | Caridade do tempo 124

42 | Caridade e evolução 126

43 | Ingenuidade e otimismo 129

44 | Dar razão 132

45 | Torre de marfim 134

46 | Educar-se para educar 137

47 | S. O. S. 139

48 | O barco e as ondas 142

49 | Consequências 145

50 | Introspecção e reencarnação 148

51 | Vontade e adversidade 151

52 | Obediência e abnegação 154

53 | Brandura e violência 157

54 | Amor e organização 160

55 | Hoje e amanhã 162

56 | Conhecimento espírita 164

57 | Leitura espírita 167

58 | Medida espírita 170

59 | Irmãos do contra 173

60 | Tu e alguém 176

61 | Vigiar para quê? 180

62 | Sacrifícios voluntários 183

63 | Norma de ouro 186

64 | Perigos no serviço espírita 188

65 | Força maravilhosa 191

66 | Lista íntima 194

67 | Mediunidade e fidelidade 197

68 | Mediunidade e perseverança 200

69 | Orientação espiritual 203

70 | Senhor e Mestre! 206

Índice geral 209

Sol nas almas

No Sol, a base da existência. À face disso, todas as construções terrestres lhe reservam lugar. Cidades rasgam-lhe avenidas e logradouros, edifícios abrem-lhe átrios e janelas, para que lhes não falte euforia ao arejamento.

Pensando nisso, André Luiz, com muita felicidade, compara a Doutrina Espírita – Cristianismo Redivivo –, a sol nas almas.

Se o Sol é vida e luz, o Espiritismo é amor e verdade, ambos vertendo a jorros de vitalidade e calor das Esferas Maiores.

Na Terra, criatura alguma logra respirar e desenvolver-se fora da constante solar, e Espírito nenhum consegue renovar-se e purificar-se sem a influência do Cristo de Deus, que podemos considerar como sendo a constante divina.

Habituado a perquirir as dores humanas a fim de extirpá-las, nos recantos obscuros de ignorância e provação a que se acolhem, o nosso companheiro não encontraria conceituação mais expressiva.

Isso porque se é necessário que o archote solar varra diariamente as sombras do mundo, para que o mundo se refaça e progrida, assim também é indispensável que a chama do conhecimento dissipe, incessantemente, as névoas da ilusão nas províncias da alma, a fim de que a alma se renove e caminhe adiante.

Médico e psicólogo, de ânimo ventilado ao sopro das realidades eternas, sabe André Luiz que não é possível agir e edificar, analisar e aprender sem luz e, por isso, nos oferece estas páginas em que se entremeiam clarões de raciocínio e sentimento, à maneira de facho em nossas mãos para que não nos escasseiem aviso e encorajamento, reflexão e consolo.

Se despertaste às clarinadas da Vida Superior, recebe, pois, leitor amigo, este volume por valioso auxílio ao cérebro e ao coração. Ser-te-á ele não somente bússola nas horas de indecisão, mas também apoio certo nos momentos difíceis, indicando-te rumos e aditando-te novas forças.

De nossa parte, agradecemos a dádiva do companheiro e, com ele, que tem sido impertérrito campeão da verdade, com a própria renovação no Plano Espiritual, desejamos orar, no introito deste livro, exorando a Jesus:

– Compadece-te, sim, de nós, Senhor, e faze sol em nossas almas!

Ilumina-nos com a tua palavra e restaura-nos as energias em tua bênção! Guarda-nos em teu infinito amor e permite-nos a alegria de continuar trabalhando, sob a tua inspiração, ouvindo-te, a cada passo, a promessa inesquecível: "Quem me segue não anda em trevas".

EMMANUEL

Uberaba (MG), 4 de julho de 1964.

CAPÍTULO 1

Ano após ano

Ninguém evolui num dia ou para um dia apenas.

Carecemos de tempo para entender o bem e praticá-lo diuturnamente, absorvendo-o em profundidade, na alma, para o eterno futuro.

Um só pensamento bom, um só ato digno, uma só lição assimilada, não nos bastam à melhoria. Necessário repetir testemunhos de aprendizado e renovação.

A fraternidade há de avivar-nos o raciocínio, vincar-nos a memória, calejar-nos as mãos, modelar-nos a vida.

Eis por que o espírita, na experiência terrestre, precisa repisar atitudes, transpirar no dever e persistir no posto individual de trabalho, ano após ano, para só então se sentir realmente sintonizado com os Bons Espíritos e com os desígnios do Alto, mantidos a seu respeito.

*

No setor administrativo da instituição doutrinária, há de conhecer tão bem o seu mister, que nenhuma decepção não mais o surpreenda.

No estudo, há de desarticular tantas mesas, consumir tantas cadeiras e deformar tantos livros e material correspondente, sem perceber, que duvidará de semelhantes desgastes.

Na mediunidade, há de amar e compreender tanto os Espíritos e os homens que qualquer incompreensão não mais lhe fará mossa.

Na exemplificação da verdade, há de se familiarizar tanto com as necessidades das criaturas que penetrará os anseios do próximo, em muitas ocasiões, apenas por vê-lo.

Na assistência social, há de se inteirar tanto dos menores problemas que lhe dizem respeito, segundo as épocas do ano, as pessoas, os desfavorecidos e os sofrimentos, que se espantará ao perceber o quanto conhece de ciência mental e vida prática.

No culto do Evangelho, há de abordar tantos temas e lições, enfrentando tantos imprevistos e dificuldades, que o terá para si na condição de tarefa claramente imprescindível.

Na imprensa e na tribuna espíritas, há de se habituar tanto com o manejo e os efeitos das palavras que as cultivará e selecionará com devotamento espontâneo.

No campo das provas necessárias, há de exercitar tanto entendimento e tanta paciência diante da dor, que acabará sofrendo todas as humilhações e tribulações da romagem terrestre com o equilíbrio de quem atingiu inarredável serenidade.

*

Confronta o teu período de conhecimento espírita com o serviço que apresentas na existência humana.

Lógica disciplinando diretrizes, esperança enriquecendo ideais, entendimento clareando destinos, o Espiritismo faz o máximo por nós, sendo sempre mínimo o esforço que fazemos por ele, nos empreendimentos que nos cabem em auxílio a nós mesmos, no seio da Humanidade.

CAPÍTULO 2

Apoio vivo

Atitude imperfeitamente conhecida, raramente praticada.

Não se constitui apenas de fé, não obstante a fé se lhe mantenha por raiz de sustentação.

Não é tão só esperança, conquanto a esperança lhe assegure a seiva de força.

Tratamos aqui da coragem para o bem, porque o bem exige coragem para ser feito.

Enfeita-se o mal de mil modos com os adornos do bem, de tal sorte que para extirpá-lo da vida a fim de que o bem verdadeiro se levante na alma, é imprescindível, em muitas ocasiões, até mesmo a coragem de ser só, qual aconteceu com Jesus no último dia de sua luta pela verdade.

Em numerosas reencarnações, temos interpretado a coragem como sendo arremesso do espírito para a destruição.

Partilhamos guerras de extermínio, crueldades, delitos, depravações, arvorando-nos em campeões da coragem quando não passávamos de malfeitores acobertados pela falsa legalidade de estatutos forjados na base da delinquência.

Convertíamos o clarão da crença em labareda da violência, transfigurávamos o alimento da esperança em veneno da ambição desregrada e, no pressuposto de sermos firmes e corajosos, nada mais fazíamos que inventar a invigilância que nos impeliu à fossa das grandes culpas, em cujo lodo nos refocilamos durante séculos de sofrimento reparador.

Desse modo, aprendemos hoje com a Doutrina Espírita, a coragem que Jesus exemplificou, a expressar-se no valor moral de quem atribui a Deus todas as bênçãos da vida, para canalizar as bênçãos da própria vida a serviço da felicidade geral.

Coragem de apagar-nos e esquecer-nos, para que o ensinamento se estenda e triunfe soerguendo o nível de entendimento e elevação para todos, muito embora trabalhando e servindo constantemente sem nada pedir para nós.

Coragem de silenciar e coragem de falar no momento oportuno.

Coragem de fazer ou deixar de fazer, coerentes com o ensino do Mestre quando nos mostrou que uma só consciência tranquila, na execução do dever ante a Providência Divina, pode mais que a multidão.

Coragem como apoio vivo capaz de viver para o bem dos outros e também de desencarnar, quando preciso, para que os outros não sejam dominados pelo mal que nos impõe a morte.

Coragem sim. Coragem de sermos bons e simples, afetuosos e leais, porque hoje entendemos, no Evangelho Restaurado, que bastam audácia e manha para dominar os outros, mas somente à custa da coragem que o Cristo nos legou é que conseguiremos a vitória em nós e sobre nós, para que nos coloquemos ao encontro da Grande Vida que estua além da vida terrestre.

CAPÍTULO 3

Estimulantes deprimentes

Doutrina do discernimento, o Espiritismo nos acorda para a valorização das forças da vida, ensinando-nos a preservá-la e a empregá-la com o proveito devido.

Dediquemos um minuto ao inventário das nossas perdas de vitalidade, no que se refere aos espetáculos violentos, junto dos quais desgastamos recursos preciosos do corpo e, em algumas ocasiões, chegamos até mesmo a perdê-lo inconsideradamente.

Em séculos do passado, arrasávamos os nervos diante das façanhas de arena, rejubilando-nos com o sangue de gladiadores e feras ou mantínhamos o coração alterado por arritmias, à frente de carros e cavalos em tropelia, buscando tolas consagrações.

Na atualidade, temos o box fulminante e a disparada de autos em nome de competição esportiva ou, ainda, as peças dedicadas ao desregramento emotivo e os filmes endereçados à exaltação do crime, rotulados de cultura, desbaratando-nos as reservas físicas e mentais.

Semelhantes exibições abalam as energias nervosas, sacodem-nas e dissipam-nas, impingindo, não raro, no ânimo de grande número de expectadores imprevidentes, sugestões de caráter negativo que começam em pensamentos nocivos, na aparência sem qualquer importância, e terminam na brecha moral por onde a obsessão se insinua ou o *stress* negativo se instala repetidamente.

Em seguida, os cultores desses estimulantes deprimentes se declaram enfermos, em casa, confessando-se inadaptados à vida familiar, a perambularem por consultórios médicos e hospitais de repouso, sem pensar que desajustaram o sistema nervoso por si mesmos, a força de se agitarem inutilmente.

Não nos deixemos render à febre de excitações novas que dominam a romagem terrestre.

Cada Espírito responderá, perante a Lei de Causa e Efeito, pelo emprego do corpo físico em que se manifesta no mundo.

Meditemos no assunto.

Todos necessitamos de descanso e refazimento; saibamos, porém, que a distração equilibrada entretém a vida, mas toda distração estonteante é derivativo para a morte.

CAPÍTULO 4

Noutras searas

O companheiro de ação doutrinária, em certas ocasiões, é defrontado por grave problema – o que transparece da visita efetuada por ele ao templo espírita diferente daquele em que se lhe vinculam os costumeiros serviços.

Algumas vezes surpreende diretrizes diversas e hábitos que julga inadequados ao cultivo dos princípios que esposa e deixa que descontentamento e desânimo se lhe implantem na alma.

Entretanto, raciocinemos.

O Espiritismo é religião de livre exame, sem poderes humanos que lhe domestiquem as manifestações.

Na condição de doutrina é um conjunto de ensinamentos lógicos, visando ao aperfeiçoamento moral, sem que lhe possamos desfigurar a grandeza, contudo, no setor da interpretação, não nos esqueçamos que a visão da verdade não é igual para todas as inteligências que transitam na Terra, em múltiplos graus evolutivos.

Devemos, portanto, contar em qualquer organização espírita, inclusive naquela a que nos ajustamos pelos fatores da afinidade, com senões e deficiências que nos refletem as falhas e imperfeições de consciências gravadas ainda por dívida ou ignorância, com necessidade de resgate ou lição perante a vida.

Em penetrando a seara espírita de que não partilhamos, em sentido direto, lembremo-nos disso.

Provavelmente estão aí nossos velhos enigmas humanos: insatisfação, discórdia, fraquezas, competição. Talvez que raízes de crenças do passado com inúmeros preconceitos aí nos desafiem a discussões e protestos, com resultados negativos para a edificação da fraternidade.

Visitemos, pois, os irmãos de ideal e trabalho que militam noutros campos de nossa sementeira, mantendo-nos no clima de solidariedade construtiva, sem deixar de sermos nós mesmos.

Leais à nossa identidade de kardecistas, isto é, abraçando a Doutrina Espírita como sendo a escola da fé raciocinada, com alicerces na "verdade que nos fará livres", segundo a conceituação de Jesus, não precisamos aplaudir o erro para sermos agradáveis, exaltando a mentira, nem nos compete o papel de censores para sermos cruéis, aniquilando a esperança.

Seja esse ou aquele o método adotado nessa ou naquela instituição ligada às nossas atividades, aproximemo-nos delas, com respeito e apreço fraterno, sabendo que o programa de nossa tarefa em qualquer ambiente a que formos chamados, se resume em duas legendas distintas e inevitáveis: "compreender" e "auxiliar".

CAPÍTULO 5

Espiritismo e alegria

Imprime o Espiritismo feição nova à alegria.

Alegria será rejubilar-se. Rejubilar-se, contudo, não é licenciar os sentidos; será dar-se.

Dar-se, todavia, não é engrossar a injustiça; será receber.

Receber, porém, não será envilecer a dádiva; será amar.

Amar, entretanto, de modo algum significaria rendição à sombra.

Alegria nasce e vive no clima do trabalho de quem obedece servindo à felicidade comum de todos.

Enquanto usufruirmos a alegria do convívio espiritual, analisemos as causas que no-la favorecem, no plano das coisas simples.

Todos os elementos se mostram em ação, disciplinados a fim de serem úteis.

Pedras no alicerce do abrigo que nos reúne estão a postos assegurando o equilíbrio da casa.

O papel assume a posição de que necessitamos para que se nos grave o pensamento em forma de palavras.

Objetos de serventia usual jazem no posto que lhes compete para atender-nos.

Vigas do teto sustentam-se de atalaia garantindo asilo contra a intempérie.

Nada fora do equilíbrio necessário, nada fora da lei do auxílio.

Alegria, assim, na esfera da consciência que dispõe de suficiente vontade para exaltar-se no discernimento do bem e do mal, com capacidade de ajudar ilimitadamente, será regozijar-se estendendo fatores de regozijo a benefício dos que nos cercam; dar-se às boas obras; receber vantagens distribuindo-as e amar sem reclamar amor de ninguém; alegria constituída de ação permanente no domínio dos impulsos inferiores, na movimentação construtiva, na administração criteriosa daquilo que possuímos e na ternura que possamos oferecer de nós para edificação dos semelhantes.

Jesus resumiu os deveres religiosos na síntese: "Ama a Deus sobre todas as coisas e ao próximo como a ti mesmo". E compreendendo-se que em nossa presente situação evolutiva, não dispomos de mais alta fórmula para amar o Criador que não seja amá-lo nas criaturas, a Doutrina Espírita nos define felicidade como sendo a alegria dos que possuem a alegria de cumprir o dever de auxiliar os outros para o bem, com base na consciência tranquila.

Jesus, horas antes da crucificação e sabendo que caminhava para o sacrifício, exclamou para os amigos: – "Tende bom ânimo, eu venci o mundo". Dizia isso quem para o mundo não passava de fracassado vulgar.

Certifiquemo-nos de que alegria é triunfo íntimo da alma sobre si, paz de quem aceitou a luta digna para elevar-se elevando a vida em torno, honra dos que procuram a aprovação do Criador no serviço às criaturas sem esperar que as criaturas lhes alterem o serviço ao Criador e trabalhemos sempre.

CAPÍTULO 6

Evolução do Espiritismo

Muito embora os desentendimentos e suplementações marginais, compreensivelmente encontradiços aqui e ali, em nossas atividades, não se pode negar o seguro avanço do Espiritismo, em seu primeiro século de existência.

Dentre as múltiplas conquistas em que se lhe verifica o progresso, apontemos ligeiramente nas construções que lhe dizem respeito:

A valorização do aspecto moral e das consequências religiosas.

O estabelecimento necessário da separação entre mediunidade e doutrina.

A acomodação do fenômeno em lugar adequado.

A compreensão do médium por personalidade humana falível.

O reconhecimento de que a desencarnação não altera a criatura de maneira fundamental.

O impositivo de análise nas comunicações e revelações.

A exigência de moralidade e objetivos edificantes nas investigações psíquicas.

O esclarecimento mais amplo em torno de determinadas manifestações dos desencarnados.

A sublimação gradativa das faculdades de efeitos físicos, transferidas de espetáculos menos úteis ao socorro da Humanidade sofredora.

O afastamento gradual da evocação direta.

O aperfeiçoamento das atividades alusivas à desobsessão.

O repúdio à polêmica religiosa.

A elevação do vocabulário doutrinário.

O desbaste natural das influências de outros credos e a poda espontânea de rituais do magismo.

A confirmação progressiva dos princípios espíritas por parte da ciência terrestre.

A melhoria dos processos de divulgação na imprensa falada e escrita.

A orientação clara quanto à educação da infância.

A formação de núcleos da juventude espírita em movimentos próprios.

A criação da literatura espírita.

A intensificação das obras de assistência social.

O culto do Evangelho em família, nos recintos domésticos.

A simplificação de hábitos e definição de atitude da vida dos espíritas.

À vista de semelhantes ocorrências, efetivamente incontestes, reunamos ideais e energias, emoção e discernimento na ampliação do trabalho espírita que nos compete na Seara Redentora de Jesus, com as chaves elucidativas de Allan Kardec, transformando convicção em serviço e convertendo as sensações do maravilhoso em noções de responsabilidade que nos preparem o cérebro e o coração para a Vida Maior.

CAPÍTULO 7
Violadores de almas

O arremesso da imaginação ostenta energia ilimitada quanto o infinito, plasmando telas caleidoscópicas de maravilhosos efeitos.

A objetiva da memória desvela os sucessos mais recônditos do destino transato ressuscitando o hausto grandioso da vida a palpitar nas trilhas eternas.

A engrenagem do raciocínio articula os passos da criatura com sutileza admirável no silêncio do santuário craniano.

Na mente, desfruta o homem da liberdade maior e o pensamento viaja sem peias, nos voos do espírito que, muitas vezes, nem se debuxam no rosto. Em sua atmosfera há sempre zonas inacessíveis, acontecimentos inexplorados e imperscrutáveis para todas as demais criaturas encarnadas.

Nem mesmo as fantasias arrojadas de escritores geniais, os transportes da poesia, os matizes mais raros da pintura, as harmonias da música excelsa ou os avanços originais do progresso contemporâneo desnudam o cérebro humano nos pujantes tesouros de que dispõe.

Por mais turbilhonárias que sejam as paisagens ao derredor, o homem detém na própria existência introspectiva uma cidadela francamente isolada e invisível. Contudo, é justamente nela que o Espírito benfeitor ou malfeitor em qualquer condição, pela sintonia mental, logra penetrar transpassando-a em todos os escaninhos, devassando-lhe todos os segredos, decifrando-lhe todos os mistérios.

Razoável considerar, portanto, que o Espírito desencarnado retém o maior instrumento de sondagem da mente humana: a sua própria mente livre.

No refúgio em que te entrincheiras nos momentos mais agudos da tarefa que te cabe realizar, é na mente, núcleo vibratório onde enxameiam as faculdades da alma, que recebes o bafejo nutriente dos Emissários da Espiritualidade Superior, em visitas benévolas de carinho santificante, ou o sopro doentio das entidades infelizes que te procuram, através das hipnoses perturbadoras da obsessão.

Se o psicólogo, o poeta, o compositor, o pintor ou o cientista, ainda corporificados na Terra, com todas as suas forças e criações arrebatadoras não te conseguem surpreender a fortaleza interior, os desencarnados, ainda aqueles de posição menos digna e desprovidos de todos os recursos de elevação, paradoxalmente, invadem-na sempre que permites, por verdadeiros vândalos do espírito, violadores de almas saqueando-te as energias em obscuros processos de vampirismo e destruição.

Urge estudemos os impulsos do instinto, os prodígios da emoção, os poderes da vontade e as forças do pensamento.

Por isso mesmo, reportando-nos à Ciência moderna quando alinha os méritos da medicina psicossomática e da análise psíquica, é natural reverenciemos a sabedoria permanente do Cristo em nos advertindo, para a valorização da vida em qualquer tempo: "Orai e vigiai para não cairdes em tentação".

CAPÍTULO 8

Tua hora de humildade

Se ainda te observas distante de viver a humildade continuamente em todas as horas do dia, podes vivê-la uma hora diária pelo menos...

Traça o teu programa diário de humildade iniciante. Escolhe uma hora dentre as horas de cada dia a fim de aperfeiçoares os próprios sentimentos, exercitando a maior conquista do Espírito – a humildade.

Que nessa hora te despreocupes da pressa, da convenção, do calculismo, das inquietações contumazes e de ti mesmo, para que te adestres no sacrifício, na indulgência desinteressada, na solicitude fraterna e na cooperação espontânea...

Será essa a tua hora de procurar o último lugar, a hora de te apagares para que se eleve o brilho dos outros...

Em tua hora de humildade constituir-te-ás em médium do amor de Cristo entre os homens; serás, especialmente, o servo de todos, o irmão comum, a partícula viva e anônima que se funde no todo da Humanidade, sem qualquer amor-próprio ou interesse pessoal.

Que olvides, nesse lapso de tempo, toda tisna de vaidade, todo propósito de personalismo e até as mínimas excitações acerca do futuro para viver o presente, o dia que flui, os momentos de teu serviço puro!

Nessa hora sê bom acima de ti, acima de tudo, acima de tuas próprias vantagens, para que teus sorrisos abram outros sorrisos, para que tua palavra confiante semeie outras palavras de esperança, para que tua vontade de acertar alicie outras vontades para a renovação maior.

Anula nesses sessenta minutos a tensão emocional a respeito de títulos, condições sociais, inclusive a censura a ti próprio, no que tange à defesa do teu lugar ao sol...

Que a tua hora de humildade seja cultivada esmeradamente, cada dia, nos lugares em que deva ser exercida para favorecer-te a ascensão espiritual, seja no escritório, na via pública, no entendimento entre amigos ou na intimidade do lar...

Que nesse interregno respires acima de todas as conveniências individuais, fazendo maiores concessões ao próximo, superando o temperamento, procurando usar mais ampla docilidade com quem te não compreende, buscando acertar onde ninguém ainda o conseguiu, diligenciando efetuar os mais difíceis serviços de fraternidade, testemunhando o bem na escala que ainda não pudeste e relembrando que o teu corpo, em dia próximo, regressará, inelutavelmente ao pó de onde veio.

Recebe no coração a visita do Senhor, ainda que por breves minutos durante o dia.

Começa a ser humilde, abolindo todo desculpismo e conquistando o tempo necessário para a tua hora de humildade e acabarás incorporando em ti mesmo os valores supremos do benfeitor maior que, na conceituação do Cristo, será sempre aquele que se fizer o servidor de todos.

CAPÍTULO 9

Pontos essenciais para os cônjuges

Reconhecer que o outro é um Espírito por si, com ideais e tendências diversas.

Em tempo algum abandonar o outro aos próprios deveres e lutas, sob o pretexto de que possui tarefas diferentes.

Socorrer o outro em suas esperanças, empenhando esforço e carinho para que as realize.

Afastar do outro quaisquer assuntos tendentes a turvar-lhe a confiança recíproca.

Abolir o ciúme.

Aceitar a importância do problema sexual de um para o outro.

Entender que o amor inclui o respeito, a cortesia, a afabilidade e a discrição.

Fugir do relaxamento e do desperdício.

Adaptar-se ao nível econômico e social em que se encontram, embora cientes de que melhoria, através da existência correta, é obrigação.

Evitar rixas e discussões.

Nunca selar compromissos fora de casa sem ouvir a opinião do outro.

Tratar os filhos com equilíbrio, sem reduzi-los à condição de bonecas.

Não obrigar os filhos a estudos, linhas determinadas de trabalho, distrações ou hábitos, para os quais não sintam vocação.

Observar que os filhos precisam de educação, disciplina e bons exemplos e não de castigo ou caprichos satisfeitos.

Não enganar os filhos dando respostas ociosas às indagações que façam.

Manter entendimento e cooperação na solução das dificuldades que surjam nas famílias um do outro.

Jamais sacrificar a harmonia e a segurança do lar sob a desculpa de exigências religiosas ou sociais.

Amparar e respeitar as amizades do outro.

Não perder tempo com futilidades.

Compreender que o matrimônio é uma escola e que os cônjuges tudo precisam fazer nos domínios do possível para que não seja modificado o programa trazido à Terra por eles mesmos, na lei da reencarnação, alterando o plano de serviço com separações reconhecidamente desnecessárias.

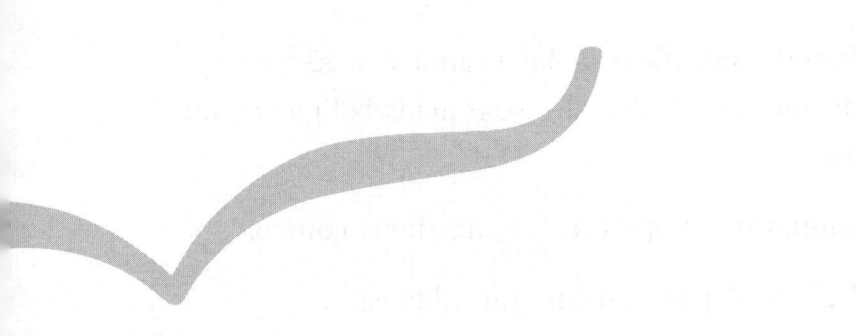

CAPÍTULO 10

Casamento e divórcio

~

Divórcio, edificação adiada, resto a pagar no balanço do Espírito devedor. Isso geralmente porque um dos cônjuges, sócio na firma do casamento, veio a esquecer que os direitos na instituição doméstica somam deveres iguais.

A Doutrina Espírita elucida claramente o problema do lar, definindo responsabilidades e entremostrando os remanescentes do trabalho a fazer, segundo os compromissos anteriores em que marido e mulher assinaram contrato de serviço, antes da reencarnação.

Dois Espíritos sob o aguilhão do remorso ou tangidos pelas exigências da evolução, ambos portando necessidades e débitos, combinam encontro ou reencontro no matrimônio, convencidos de que união esponsalícia é, sobretudo, programa de obrigações regenerativas.

Reincorporados, porém, na veste física, se deixam embair pelas ilusões de antigos preconceitos da convenção social humana ou pelas hipnoses do desejo e passam ao território da responsabilidade matrimonial, quais sonâmbulos sorridentes, acreditando em felicidade de fantasia, como as crianças, admitem a solidez dos pequeninos castelos de papelão.

Surgem, no entanto, as realidades que sacodem a consciência.

Esposo e esposa reconhecem para logo que não são os donos exclusivos da empresa.

Sogro e sogra, cunhados e tutores consanguíneos são também sócios comanditários, cobrando os juros do capital afetivo que emprestaram, e os filhos vão aparecendo na feição de interessados no ajuste, reclamando cotas de sacrifício.

O tempo, que durante o noivado era todo empregado no montante dos sonhos, passa a ser rigorosamente dividido entre deveres e pagamentos, previsões e apreensões, lutas e disciplinas e os cônjuges, desprevenidos de conhecimento elevado, começam a experimentar fadiga e desânimo, quanto mais se lhes torna necessária a confiança recíproca para que o estabelecimento doméstico produza rendimento de valores substanciais em favor do mundo e da vida do Espírito.

Descobrem, por fim, que amar não é apenas fantasiar, mas, acima de tudo, construir. E construir pede não somente plano e esperança, mas também suor e por vezes aflição e lágrimas.

Auxiliemos, na Terra, a compreensão do casamento como sendo um consórcio de realizações e concessões mútuas, cuja falência é preciso evitar.

Divulguemos o princípio da reencarnação e da responsabilidade individual para que os lares formados atendam à missão a que se destinam.

Compreendamos os irmãos que não puderem evitar o divórcio, porquanto ignoramos qual seria a nossa conduta em lugar deles, nos obstáculos e sofrimentos com que foram defrontados, mas interpretemos o matrimônio por sociedade venerável de interesses da alma perante Deus.

CAPÍTULO 11

Nascer, viver e morrer bem

"Fora da caridade não há salvação" – será simplesmente uma fachada histórica da Codificação Kardequiana?

A resposta negativa surge automática.

Essa legenda constará, sem dúvida, de pórticos e flâmulas, mas, na essência, é pensamento vivo da Doutrina Espírita que no-la confia por síntese dos postulados do Cristo, recordando-nos que a caridade não existe para ser usada contra os homens, e sim a favor da Humanidade.

A virtude máxima não consistirá, exclusivamente, na preocupação de alimentar o estômago daquele que sente fome, mas também para que se lhe aprimorem as qualidades inatas de trabalhador, e se eleve ao nível dos que produzem a benefício da comunidade, provendo, em consequência, as próprias carências.

Não atenderemos ao sublime princípio, apenas induzindo o companheiro de alma entorpecida no ateísmo ou na indiferença, a cultivar o facho ardente da fé nos Poderes Superiores que governam a vida e sim igualmente a cooperar com ele no desenvolvimento do raciocínio, ajudando-o na aquisição do discernimento justo à frente do bem e do mal, de modo a não desertar da responsabilidade de viver, sentir, falar e atuar, perante as Leis Divinas.

Eis a razão porque a tarefa primordial do Espiritismo não se fundamentará em condenar tacitamente os erros dos outros, mas ergue-se em instituto natural de orientação e corrigenda, inspirando-nos a acertar sempre mais com a verdade que nos fará livres da ignorância.

Também não se apoiará em abraçar cegamente todos os desejos dos semelhantes, a pretexto de lhes açucararmos a existência, mas levanta-se em escola de compreensão e fraternidade dentro da qual aprenderemos a amar com equilíbrio e proveito.

Caridade é socorrer o próximo sem esquecer de lhe valorizar e ampliar as faculdades positivas para que o próximo preencha as finalidades a que se encontra destinado pelos objetivos da vida.

É auxiliar a outrem não só para a remoção de necessidades e obstáculos, mas, acima de tudo, para que a pessoa auxiliada se faça mais útil e mais nobre em si, porque todas as criaturas nascem e vivem na carne para morrer bem e renascer sempre melhores. Tal é a lei.

CAPÍTULO 12

Doença da alma

Assunto difícil, nuvem que se agiganta, ampliando terreno: o ateísmo.

Nós, os espíritas, ou mais propriamente os cristãos incumbidos de entregar à Terra a luminosa mensagem da imortalidade, perguntamo-nos, ansiosos, pela causa disso.

Tanta ideia santificante, tanta demonstração de vida eterna e por que o avanço das trevas de espírito?

Esta, a síntese dos monólogos desencorajadores a que nos damos, anestesiados pela crença inoperante com que arbitrariamente nos dispensamos da responsabilidade de viver, a isolar-nos na antevisão de um paraíso imaginário, para além da morte, que existe apenas em função de nossa fantasia.

Todavia, indaguemos da lógica acerca da verdade, e a lógica nos dirá que não nos achamos – lidadores encarnados ou desencarnados – na ribalta do mundo para solilóquios desnecessários.

O próprio Cristo esteve na Terra em função do diálogo, ouvindo, anotando, providenciando, respondendo.

Nós que cremos nas realidades do espírito, que damos de nós a benefício dos que não creem para serem crentes?

Que adianta falar da Misericórdia Divina a um homem em desespero que acaba de ver um filho triturado sob as rodas de um carro, em doloroso acidente, sem ajudá-lo com os princípios da reencarnação?

De que vale situar o companheiro em penúria exclusivamente na prece abandonando-o à própria miserabilidade sem a mínima atenção, no sentido de ampará-lo na solução de um só dos problemas que lhe amargam a vida?

Certo que é preciso exaltar a Bondade de Deus e proclamar os méritos da oração, sempre e em toda parte, mas não será mentir às próprias Leis do Senhor que nos propomos dignificar, restringir-nos à frase e à postura piedosas, como alguém que estivesse num banquete, louvando os manjares que saboreia, sem estender migalha ao pedinte que enlanguesce de fome?

O materialismo cresce junto de nós porque as criaturas, quando amadurecidas e dispostas a humanizar a vida, via de regra nos recusam os sistemas arcaicos de crença infantilizada, pelos quais somos sempre férteis em recursos de evasão.

Se somos sinceros, ao lamentar a descrença e a incerteza dos nossos irmãos que perderam a fé, saibamos, antes de tudo, ouvir-lhes as queixas e registrar-lhes as perplexidades, entendendo-nos com eles, através de nossos próprios exemplos, de nossas próprias vidas, sem exigir que outros façam a nossa parte na obra de construção e reconstrução que o Evangelho nos preceitua cumprir.

Pregar sim, mas escutar; aconselhar sempre, mas igualmente fazer. Agir, edificando.

Materialismo é doença da alma. Ninguém duvide disso. Convenhamos, porém, que, quanto mais progride a Humanidade mais a Medicina se aperfeiçoa, não assumindo atitudes marginais, mas ouvindo e dialogando com doenças e doentes.

CAPÍTULO 13

Ideal espírita

Tantos ideais vicejam no mundo!

Entre eles, porém, brilha o ideal espírita por alvo das mais altas aspirações.

Ideal de ganhar. O ideal espírita ensina a conquistar os recursos da vida na base da reta consciência não para exaltar a ambição, mas para assegurar a propriedade por fonte de amparo mútuo.

Ideal de saber. O ideal espírita exalça a cultura não para ilhar a personalidade na hegemonia da inteligência e sim para favorecer a educação de todos.

Ideal de trabalhar. O ideal espírita encarece o rendimento do tempo e das possibilidades de cada criatura, não para legitimar os abusos da posse e sim para que o bem comum seja incessantemente acrescentado.

Ideal de amar. O ideal espírita destaca o imperativo do amor como sendo alimento da alma, não para que a ternura se erija qual privilégio de oásis fechado, em nome do lar, mas para que a fraternidade se transforme em felicidade geral.

*

Podemos cultivar os mais diversos ideais na casca das experiências necessárias e transitórias da carne, entretanto, para que se façam valores reais da vida, na Terra ou noutros mundos, é forçoso que o ideal espírita permaneça como sendo a essência de todos eles, sustentando-lhes a movimentação e a beleza por baliza de luz.

CAPÍTULO 14
Ideal e segurança

Toda criatura, além da defesa daquilo que assinalamos por "segurança pessoal", em alertando o raciocínio para o entendimento da vida, se reconhece na posse de um ideal superior, alimentando um sonho – a realização de algo nobre, que lhe proporcione mais ampla razão de ser na existência.

Para isso, devaneia, estuda, trabalha e imagina o alvo das elevadas aspirações que pretende atingir.

Contudo, nada se faz de útil, belo e grande, sem que a alma se faça útil, bela e grande no esforço máximo para a edificação da felicidade comum.

Felicidade comum, porém, reclama serviço desinteressado aos outros e, à face de semelhante fato, a maioria das inteligências reencarnadas na Terra se acomoda, com o tempo, à tranquilidade ilusória do "deixa estar como está a fim de ver como fica".

Em seguida, foge deliberadamente a contrariedades e problemas, transfundindo objetivos e visões dos planos de ação edificante trazidos à reencarnação, no sustento da própria segurança, a exaltar o instinto de conservação e a sentir-se realizada apenas com isso.

A pessoa que entende a realidade do Mundo Espiritual, entretanto, já não consegue pensar assim.

Convencida quanto à imortalidade, observa-se, não só com o dever de construir o melhor, mas também se reconhece num compromisso extra consigo mesma: lançar a verdade nas consciências alheias, através do exemplo e das suas possibilidades de auxílio.

Apenas manter o conforto em si, isto é, alcançar alguma estabilidade social, com alguma economia amoedada e algum entretenimento físico, não satisfaz, a rigor, àqueles que já se inteiraram da sobrevivência humana.

Eis a razão pela qual o espírita jamais se contentará com a perda do seu ideal para preservar a sua segurança, pois, ao contrário do homem vulgar do mundo, a segurança do espírita tem base no seu ideal, sem fundamentar esse ideal na segurança própria.

Ao invés da segurança de superfície, no espaço irrisório de um século, o espírita, longe de desertar dos deveres que lhe competem, por mais duros sejam, trata de cumpri-los, acendendo luzes de redenção por onde passe, ainda que isso lhe exija o consumo de todas as energias, certo de que lhe cabe seguir no encalço da segurança de sua consciência, vidas e mundos afora, em sua condição de Espírito imortal.

CAPÍTULO 15

O minuto

A conduta indica a orientação espiritual da criatura.

Surge o ideal realizado, consoante o esforço de cada um.

Amplia-se o ensino, conforme a aplicação do estudante.

Eternidade não significa inércia, mas dinamismo incessante.

O caminho é infinito.

Quem estabelece a rota da viagem é o viajor.

Continua, pois, em marcha perseverante, gastando sensatamente o tesouro dos dias.

Em sessenta segundos, a lágrima pode transformar-se em sorriso, a revolta em resignação e o ódio em amor.

Nessa mínima parcela da hora, liberta-se o espírito do corpo humano, a flor desabrocha, o fruto maduro cai da árvore e a semente inicia a germinação da energia latente.

Analisa o que fazes de tão valiosa partícula de tempo.

Num só momento, o coração escolhe roteiro para o caminho.

Com o Evangelho na consciência, o lazer é tão somente renovação de serviço sem mudança de rumo.

Não desprezes o tempo, em circunstância alguma, pois quem espera a felicidade se esmera em construí-la.

A hora perdida é lapso irreparável.

Dominar o relógio é coordenar os sucessos da vida.

Nos domínios do tempo, controlamos a hora ou somos ignorados por ela.

Por isso, quanto mais a alma se eleva em conhecimento, mais governa os próprios horários.

Lembra-te de que as edificações mais expressivas são formadas por agentes minúsculos e de que o século existe em função dos minutos.

Não faz melhor quem faz mais depressa, mas sim quem faz com segurança e disciplina, articulando ordenadamente os próprios instantes.

Observa os celeiros de auxílio de que dispões e não hesites.

Distribui os frutos da inteligência.

Colabora nas tarefas edificantes.

Estende a solidariedade a benefício de todos.

Fortalece o ânimo dos companheiros.

Não te canses de ajudar para que se efetue o melhor.

O manancial do bem não tem fundo.

A paz coroa o serviço.

E quem realmente aproveita o minuto constrói caminho reto para a conquista da vitória na Divina Imortalidade.

CAPÍTULO 16

Servir sem exigir

~

Despendemos, por vezes, enormes coeficientes de força, tempo e atenção, falando em servir.

E largamos a palavra, certos de que o amor ao próximo se limita às rendas materiais com que costumamos obsequiar a vida física.

Sem dúvida o mérito da assistência às carências do corpo é virtude que não pode ser apreciada em medida terrestre.

Ninguém contestará, no entanto, que até agora, noventa por cem das atividades que se reportam a ela se desenvolvem na base da sobra sem proveito real para os braços que a distribuem.

Além disso, em muitas ocasiões, o ato beneficente se circunscreve ao propósito de fuga pelo qual somos instintivamente impelidos a desembaraçar-nos de quantos se nos apresentam em penúria, cujas condições nos alfinetam a consciência.

Servir será muito mais.

Será viver e conviver com os outros, conhecendo-lhes as fraquezas e imperfeições, quanto reconhecemos nossas imperfeições e fraquezas e auxiliá-los mesmo assim, em padrão idêntico ao anseio de sermos auxiliados.

Normalmente o impulso de quem beneficia a alguém inclui o troco da gratidão. Servir, contudo, no câmbio espírita que revive o exemplo de Jesus, o Mestre e Servidor, – não espera o menor laivo de agradecimento.

Isso porque o espírita não desconhece o problema da idade espiritual e sabe que pessoas adultas, do ponto de vista das leis fisiológicas, não passam, no íntimo, de crianças ou doentes da alma entaipados na moradia orgânica, a lhe pedirem apoio e afeição, sem o mínimo entendimento do trabalho ou do sacrifício que semelhantes dádivas lhe custem.

Servir, na essência, é amparar o outro no lugar e na situação de necessidade em que o outro esteja sem cogitar nem mesmo da opinião desfavorável que o outro expresse, de vez que nem todo enfermo aceita sem reclamar o remédio que se lhe aplica, não obstante o remédio lhe efetive a cura.

Aprendamos a auxiliar sempre, mas convencidos de que nossos irmãos são consciências por si, não raro sem o mínimo nexo de afinidade com o nosso modo de sentir e de ver.

Apenas nesse molde aproximar-nos-emos da Providência Divina, através do Amor Que Ama Sem Nome, compreendendo, por fim, que a felicidade é servir e passar.

CAPÍTULO 17

Pensar por nós

Geralmente pensamos estar pensando com os nossos pensamentos e isso nem sempre é tão fácil.

Necessário desenvolver o próprio raciocínio a fim de perceber se não estamos digerindo ideias alheias que nos são desfechadas por sistemas de imposição indireta.

*

Andamos quando encarnados automaticamente requisitados pela hipnose, a cada trecho do dia.

Manhã cedo, colhemos, em regra, informações dos familiares que, de hábito, nos dirigem a palavra, refletindo opiniões sobre ocorrências diversas.

Logo após, frequentemente, passamos às induções da imprensa ou do rádio, esposando-lhes os conceitos quando lhes dispensamos atenção.

Em seguida, a via pública é ribalta de chamamentos inúmeros para que desempenhemos determinado papel, seja viajando ou caminhando, anotando as novidades da hora ou deglutindo mentalmente os anúncios comerciais.

No exercício da profissão, usamos personalidade adequada às circunstâncias, qual sucede com a vestimenta que a pessoa é impelida a adotar conforme o lugar de representação e serviço.

À noite, comumente, manuseamos livros e publicações com os quais nos afinemos, assistimos a espetáculos, procuramos entretenimentos ou escutamos amigos, assimilando múltiplas sugestões com que se nos influencia o repouso.

*

Quase todas as criaturas, na Terra, por enquanto, vivem encadeadas umas às outras, sob vigorosa pressão de forças mentais que lhes suscitam atitudes e palavras, sem que elas saibam.

Daí procede a obrigação do conhecimento de nós mesmos.

A Doutrina Espírita nos recomenda a fé raciocinada para que, desde a existência terrestre, possamos compreender que é lícito admirar o pensamento alheio e até segui-lo, quando a isso nos decidamos, mas é preciso pensar por nós, a fim de que não venhamos a cair irrefletidamente no resvaladouro do erro ou no visco da obsessão.

CAPÍTULO 18

Paciência de uso externo

Indiscutivelmente, a paciência, qualquer que seja a expressão em que se manifeste, vem a ser atitude benéfica por assustar a explosão de males imprevisíveis.

Em muitos casos, no entanto, apenas depois da desencarnação é que verificamos existir um tipo de paciência que, às vezes, ajuda ao próximo e que, por isso, não deixa de possuir o seu mérito, mas não nos favorece como julgamos.

É uma espécie de meia-paciência que se exprime exclusivamente nos processos de luta e provação em que a pessoa se sabe observada e louvada por admiradores e amigos, com o risco de converter o valor moral em vaidade encoberta.

Sem dúvida, que nos cabe resguardar a serenidade própria, à frente de quaisquer dificuldades, pequenas ou grandes, ocultas ou vistas, todavia, convém acautelar-nos contra a meia-paciência, suscetível de se desdobrar, de instante para outro, na hipertrofia do amor-próprio, transfigurando dignidade pessoal em orgulho.

Essa calma de metade somente aparece nas dores consideradas honrosas para a vítima.

As criaturas, ameaçadas por semelhante perigo, sabem sempre tolerar com um sorriso bem posto o escárnio das inteligências reconhecidamente mal-intencionadas do ponto de vista público, porque isso lhes consolida a superioridade ante o senso comum, no entanto, não aguentam, caladas, a alfinetada de um parente menos feliz.

São capazes de doar cem mil cruzeiros a uma campanha de beneficência que congregue personalidades importantes, contudo, não deixam de acompanhar com alguma repreensão o vintém que entregam à porta ao mendigo que imaginam em condições reprováveis.

Perdem nobremente numa contenda no foro, onde observadores cultos lhes inspecionam os modos, mas irritam-se em família ao serem contraditadas em singelas opiniões.

Testemunham extremada abnegação na residência de companheiros e recusam indignadas o servicinho da limpeza na própria casa.

Precatemo-nos contra a paciência de uso externo.

Paciência real, paciência firme é aquela que sabe sofrer dignamente diante dos outros ou a sós consigo, na rua ou no lar, carregando o ouro da consideração humana ou a pedra das pequeninas humilhações da existência, auxiliando para o bem dos outros, em todas as situações, onde e como a Lei de Deus apontar e quiser.

CAPÍTULO 19

Mocidade

Prática do bem não estipula idade determinada.

É mais valiosa a mocidade quanto menos vivida na indisciplina.

*

Quem se aplica a servir, desde os anos da juventude, muito antes da velhice é servido pela vitória na madureza.

Se a juventude é início da ação, a maturidade é reação do tempo, revelando os resultados de nossa escolha.

*

Só aproveita a juventude na Terra quem lhe desfruta as bênçãos procurando sazonar as próprias experiências.

As zonas purgatoriais da Espiritualidade, se recebem diariamente inúmeros anciãs, acolhem também vastas fileiras de novos habitantes que deixam o corpo humano em plena floração das energias corpóreas.

*

O período da juventude terrestre é o mais propício às modificações da dívida cármica.

Entretanto, lamentavelmente, há grande número de vidas humanas que se transviam da meta preestabelecida, no alvorecer da mocidade.

*

Jamais desprezes as horas do dia, mesmo na seara verde dos próprios sonhos.

Quem confunde espírito juvenil com irresponsabilidade, cava o abismo da própria falência.

*

Sem prestigiar a tristeza ou o pessimismo, associa alegria e serenidade, entusiasmo e prudência.

A base correta é a firmeza da construção.

*

Jovem amigo, a expressão física da idade não nos exonera dos compromissos diante da vida eterna; começa agora o serviço do Cristo e te sentirás, mais cedo, na posse da Verdadeira Sublimação.

CAPÍTULO 20

Dar

~~~~

Com Jesus, o Divino Mestre do Bom Exemplo, dar o que temos em favor dos outros é associar várias qualidades de espírito que, em conjunto, compõem a caridade.

Por isso, na ação de dar, observa os dez mais expressivos estados d'alma que nos irmanam às Forças Superiores:

Gentileza – dá sem humilhar quem recebe.

Humildade – dá disfarçando o gesto de dar.

Compaixão – dá sem salientar a deficiência dos semelhantes, mas sim a exalçar-lhes a melhor parte.

Discrição – dá sem alarde e sem ostentação de virtude.

Indulgência – dá sem relacionar a ingratidão ou a incompreensão que lhe venham em troca.

Alegria – dá com aprazimento e simpatia, irradiando otimismo.

Fraternidade – dá indiscriminadamente, sem condições ou preferências.

Condescendência – dá sem a preocupação de que os supostos beneficiários possam ser falsos necessitados.

Desinteresse – dá sem perguntas de qualquer natureza, sem exigências daquilo ou disso e sem essas ou aquelas intenções secundárias.

Disciplina – dá criando o hábito de dar periodicamente.

*

Lembra-te de que, para nós, não deve haver desconhecidos, porquanto todos somos irmãos e, no ambiente espírita, mesclam-se as raças, as classes, as idades e os temperamentos em demanda da integração na solidariedade real.

Tudo o que existe na Terra está submetido às leis do Universo: os milhões de sóis que são as estrelas não dissipam as trevas da noite, mas o Sol vigilante e sozinho, por mais próximo de nós, acende e garante o esplendor do dia...

Ajuda, pois, àquele que te partilha a marcha, o teu próximo mais próximo, aqui e agora, hoje e sempre.

CAPÍTULO 21

Estímulo

Não condenar, não inculpar, não agravar os problemas de quem resvalou no caminho.

Todos temos aprendido de Jesus acerca da tolerância.

Todos refletimos no impositivo da compaixão.

Ainda assim, se não é certo "atirar a primeira pedra" aos companheiros que tombam, desgovernados, será justo negar apoio aos que se levantam?

Urge fortalecer o bem onde o bem aparece.

Quantas vezes, o lidador capaz de produzir um milhão de horas em ação de benemerência, cai exausto a meio da caminhada por lhe sonegarem alguns minutos de incentivo ao refazimento?

Mães e pais, esposos e esposas, comumente isolados no conforto doméstico, suscetíveis de atingir até a longevidade em silencioso heroísmo, cedo se recolhem à enfermidade ou à desencarnação prematura, por não encontrarem no espaço estreito do lar, em anos a fio de labor e abnegação, uma frase ou um gesto só, aquecidos de reconhecimento e de amor, que os induzam a sofrer e a viver.

Não te dês à lisonja que desfigura o caráter de quem a propina e costuma envenenar mente desprevenida naqueles que a recebem.

Onde encontres a intenção nobre "fazendo força" para servir, cunha a frase espontânea de estímulo ao trabalho por moeda invisível de compreensão e de afeto, à maneira de adubo na árvore iniciante.

Estrelas derramam raios de luz nas sombras da noite.

Fios d'água formam deleitosos oásis balsamizando o deserto.

Podes igualmente clarear o caminho dos que edificam estradas novas para o futuro e amenizar a sede de energia dos que jazem ameaçados pelo desânimo, à frente dos empeços que enxameiam, no mundo, os alicerces das boas obras.

Uma palavra de entendimento, um gesto de bênção para as criaturas que fazem o melhor de si para o bem dos outros.

Um olhar generoso, uma prece furtiva, um apontamento fraterno, um aperto de mão. Frequentemente, o coroamento de todo um apostolado depende apenas disso. Se duvidas, observa o poder da gota de óleo quando é chamada a lubrificar a máquina seca.

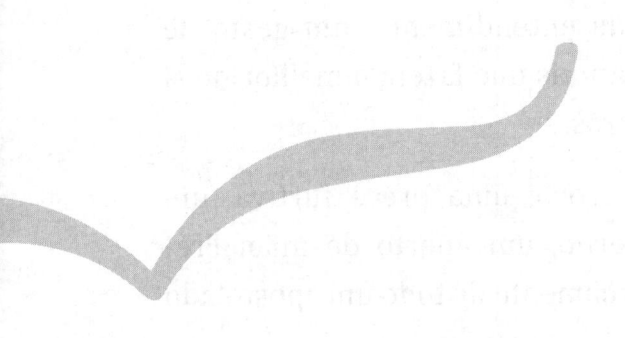

CAPÍTULO 22

Religião e vida

Pompas religiosas herdadas de avoengos da Humanidade ainda hoje suscitam tristeza em múltiplos ambientes da fé.

Procura-se comumente o contato com as Forças Superiores da Vida, que operam em nome da Providência, com o verbo reprimido em posturas e maneiras previamente estudadas, qual se as relações com Deus devessem obedecer às rígidas etiquetas das cortes antigas, em que os corações dos vassalos batiam muito longe dos reis.

Se os costumes sociais alcançaram atualmente feição nitidamente mais liberal nas civilizações de liderança, não acontece o mesmo em matéria de cultos.

Tomamos o serviço religioso como sendo clima exótico para se engavetar a alma no preparo da morte, como se mergulha carne em salmoura.

Decerto que não será lícito dispensar a dignidade e a decência das atividades do sentimento e do estudo, em torno da Espiritualidade Maior, mas é necessário exonerar a máscara em nosso intercâmbio com os planos sublimes.

Nesse sentido, é mais que justo recorrer ao exemplo do Mestre, em cujo tempo, cerimônias e rituais já haviam atingido culminâncias.

Jesus lê e ora nos cenáculos consagrados à prece, mas isso não o impede de tratar dos assuntos da alma sob o céu a pleno campo.

Em nenhum texto evangélico aparece notícia de artifícios ou meneios que houvesse ele usado para impressionar.

Prefere sempre mais o templo da Natureza para os transbordamentos da alma que os santuários de pedra.

As orações que nos deixou são modelos de concisão e simplicidade sem a mínima ideia de solenidade ou dramatização.

E se hoje na Terra fala a Ciência da possibilidade de chamar os recém-desencarnados à existência, atenuando-se o império da morte, Jesus foi o pioneiro de semelhante movimento, conferindo a vários mortos o retorno à vida, por mais tempo, demonstrando que nem sempre a desencarnação é fulminativa e que, por isso mesmo, na maioria dos casos, será possível reajustar o recém-desencarnado na casa orgânica, ainda usufruível, ponto essencial para compreendermos a necessidade de abolição dos ofícios fúnebres perfeitamente incompatíveis com o senso da perenidade da alma.

E Ele mesmo, o Mestre, institui a base do Cristianismo em sua própria sobrevivência, materializando-se à frente dos seguidores, para que a certeza da imortalidade dissipe para sempre a neblina da angústia ante a separação transitória.

A Doutrina Espírita entra no cenário do mundo, precisamente quando a investigação científica arreda para longe todos os resíduos das superstições humanas, a fim de mostrar que religião é sinônimo de vida eterna.

Holofote da verdade espanejando no horizonte avelhantadas teias de treva, para que o homem contemple adiante os objetivos dos próprios destinos, o Espiritismo vem quebrar as limitações menos dignas e romper os condicionamentos inferiores, à maneira de processo natural de evolução, destinado a libertar o Espírito na Terra para estágios mais altos de ascensão e progresso, tais como aqueles que desfazem a casca do ovo e desintegram o envoltório da semente, para que a ave e a planta ganhem atividade e altura.

Reverenciemos nele o caminho da renovação pavimentado de esperança e alegria.

Doutrina Espírita é mensagem de Cristo, anunciando-nos que a felicidade de crer não está unicamente conjugada à responsabilidade de agir, mas também ao júbilo de criar, sentir, continuar e viver.

CAPÍTULO 23

O momento de Deus

︶

Passará, talvez despercebido para nós, contudo, ele existe no tempo, o momento de Deus.

Esfalfamo-nos, bastas vezes, transfigurando os valores da atenção nos desperdícios da inquietação, diligenciando impor a fé religiosa naqueles que amamos, esquecidos de que o Criador lhes consagra mais amor que nós mesmos.

Deus espera. Por que desanimar, de nossa parte, quando a edificação espiritual se nos afigura tardia?

Com isso, não desejamos dizer que somente nos resta abandonar ao vento da provação aqueles entes queridos para os quais aspiramos o entendimento maior. Reflitamos que se a Divina Providência no-los confiou, decerto assim procedeu, através das pessoas e circunstâncias que nos rodeiam, aguardando algo de nossa cooperação no amparo a eles.

Em tempo algum, ser-nos-á lícito relegar para Deus as obrigações que nos competem, o que nos constrange igualmente a verificar que existe a "parte de Deus" em cada realização, cujo âmbito nos é defeso à qualquer exigência.

Não conseguimos antepormo-nos, de maneira alguma, ao momento de Deus nem fazer o que lhe cabe realizar, todavia, somos convidados a preparar-lhe condições adequadas ao surgimento vitorioso.

À medida que se nos intensifica a madureza de espírito, categorizamo-nos à conta de semeadores nas almas.

Nesse sentido, recordemos os cultivadores da gleba que sustentam a civilização e asseguram a vida. Nenhum deles, por mais sábio, logra desentranhar com as próprias mãos, os princípios da semente, cujo embrião possui um instante próprio a fim de desacolchetar envoltórios e desabrochar à plena luz.

Ainda assim, patrocinam a exatidão da leira, administram adubos, dosam a rega, garantem a defesa da planta e efetuam enxertias, quando enxertias se façam necessárias ao rendimento da produção.

Se há imperscrutável serviço divino na intimidade dos processos da Natureza, há inadiável serviço do homem na esfera da Natureza para que a Natureza corresponda intensamente ao toque divino.

Os estatutos da Criação não permitem à criatura relegar para o Criador a obrigação que lhe compete.

Ama, pois, teus pais, filhos, irmãos, amigos e companheiros indiferentes ou ateus tais quais são por agora, sem te esqueceres de ajudá-los com simpatia, cooperação, fraternidade e bons exemplos, a se exprimirem por valioso auxílio prévio.

Trabalha e prepara com eles e junto deles o futuro melhor, na convicção de que, em matéria de compreensão e penetração nos reinos do espírito, os mais elevados anseios humanos são compelidos a esperar pelo momento de Deus.

CAPÍTULO 24
Entregar para Deus

Comum ouvir-se, aqui e além, pessoas de convicção religiosa declarando-se decididas a transferir para Deus as responsabilidades que lhes concernem.

Receando sacrifícios e alérgicas a problemas, desertam da obrigação e asseveram que Deus lhes tomará o lugar.

Diante de um esclarecimento que lhes reclame desistência a vantagens humanas ou à frente de trabalho que lhes rogue humildade, ausentam-se apressadas da esfera de luta, dizendo-se tão confiantes em Deus que não hesitam entregar-lhe as tarefas que lhes dizem respeito, tal se o Criador lhes fosse assalariado vulgar.

Para elas, Deus é obrigado a ocupar-se com a limpeza da casa, a transformar-se em aio vigilante de pirralhos inconscientes ou a enviar-lhe mensageiros que substituam o guarda de trânsito ou o entregador do armazém.

A Doutrina Espírita chega ao mundo para erradicar-nos da alma semelhantes ilusões, explicando-nos que a Sabedoria Maior nos concede os ingredientes da vida, em regime de empréstimo, para a execução da tarefa necessária à felicidade e ao aperfeiçoamento de nós mesmos.

Apostolados domésticos, realizações sociais, espinhos de profissão, holocaustos de família, calvários de testemunhos de amor e desapego são, na essência, empreitadas que solicitamos à Providência Divina, antes da reencarnação, prometendo esforço máximo na desincumbência de tais compromissos.

Nós que nos referimos a Jesus, a cada passo da crença, não poderemos esquecer que Ele, o Mestre, não relegou para Deus o áspero ofício de esclarecer-nos, o que fez por si mesmo, à custa da própria dilaceração.

Cristãos responsáveis, urge saibamos abraçar a renovação a que somos intimados pela mensagem do Evangelho Redivivo, francamente dispostos a largar o comodismo de tudo endereçar para o Céu, aprendendo a entregar para Deus a consciência do dever bem cumprido e o serviço pronto.

CAPÍTULO 25

Tesouro divino

Oportuno meditar, de vez em vez, quanto aos valores do tempo, a fim de que não nos enganemos no apreço que se deve inelutavelmente ao aproveitamento das horas.

O ritmo do tempo é disposto de tal modo pela Sabedoria do Universo, que basta alguma reflexão superficial para entendermos o senso das oportunidades que surgem múltiplas e diferenciadas entre si, oferecendo-nos aquilo que podemos nomear como sendo o "momento da realização".

Nos processos da Natureza, tarefas existem que reclamam estação especial, a menos que se arrisque o homem a problemático tentame artificial.

A produção da primavera não é a mesma do outono.

Atividades do verão recusam climas de inverno.

Assim também, na experiência humana. Há construções espirituais para a infância, outras para a madureza.

Especificam-se obrigações para as pessoas casadas que diferem daquelas que se reservam aos solteiros e vice-versa.

Cada tempo é um tempo diverso do outro, embora se pareçam qual acontece com os dias supostamente iguais e que, no fundo, são absolutamente diversos quanto à posição que lhes cabe no calendário.

A Doutrina Espírita despertando-nos para a acepção exata do tempo como sendo concessão do Senhor, empréstimo de recursos, caução de valores potenciais ou contrato entre nós e a vida para execução de serviços determinados, que reverterão invariavelmente a benefício de nós mesmos, ensina-nos que é preciso aproveitar o "momento da realização" que a oportunidade exibe à nossa frente.

Trabalhar se é instante de trabalhar, aprender se é ocasião de aprender, ouvir se é a hora de ouvir, falar se o ensejo é de falar, com o discernimento preciso, a fim de que o tempo não se escoe debalde.

Preencher os claros da existência e ocupar os vazios da estrada com plantações de estudo, serviço, bondade e construção.

Habituamo-nos a dizer que é necessário dar tempo ao tempo nisso ou naquilo e todos nos achamos concordes quanto a semelhante imposição.

Mas o tempo da expectativa nada cria de bom e de útil, sem o tempo de preparação do que seja útil e bom.

Aguardamos o dia de colher, entretanto não há dia de colher se não houve dia de plantar.

O tempo é crédito permanentemente aberto pelo Criador, na instituição da eternidade da vida e dos mundos para todas as criaturas, contudo, só existe, em substância, se aproveitado.

Repetimos incessantemente que é necessário contar com o tempo e esperar o tempo, mas o tempo sozinho, ao invés de fazer o bem que não fazemos, como que deteriora de modo providencial o que está feito, chamando-nos à responsabilidade de continuar com o serviço que não nos compete menosprezar.

Vejamos o medicamento sem uso ou a casa desabitada que confiamos inconsideradamente à força do tempo; o que era remédio se transfigura em veneno e o que representava refúgio se transforma em ruína.

Não nos iludamos, pois, sobre o tempo.

Empreguemo-lo, agindo, aprendendo, servindo, aprimorando ou mais claramente, melhorando a nós mesmos para que possamos melhorar a paisagem espiritual ou material onde estejamos.

Tempo é tesouro divino em nossas mãos, contudo somente vale se lhe damos valor.

CAPÍTULO 26

Sugestões

Arrastarás os pés ao invés de movimentá-los, se te imaginas carregando chumbo.

Se julgas que os braços doem, ei-los que se mostram magoados, qual se estivessem realmente contundidos.

Entretanto, mesmo quando pés e mãos sofrem prejuízos manifestos pelo assalto de afecções articulares, se te convences de tê-los robustos e livres, podes claramente manejá-los sem empeços.

Sugestões vagam daqui para ali e invadem-nos a emotividade principalmente através do olhar e da audição, em todas as províncias da atividade humana, requisitando-nos a emotividade ou chamando-nos a atenção.

Razoável considerar, contudo, que apenas a autossugestão assume bastante importância para nós, de vez que se recolhemos a ideia que se nos insufla, nessa ou naquela ordem de assuntos, passamos, de imediato, a valorizá-la e até a supervalorizá-la com os recursos de nossa imaginação e, daí em diante, é impossível estimar até que ponto lhe suportaremos a atração e a influência.

Torna-se necessário compreender que és a única autoridade capaz de permitir ou não permitir o trânsito desse ou daquele pensamento nas vias da alma.

Seleciona, pois, as opiniões, os juízos, as lembranças, os temas e os informes que te alcancem através de conversações, leituras, espetáculos, apelos e entendimentos, joeirando incessantemente o campo íntimo na experiência cotidiana.

Cada inteligência é um centro de ação atuante e fermentativa na coletividade. Se não aprendemos a usar o crivo da razão para reter o bem e alijar o mal, somos suscetíveis de cair na função de joguetes da perturbação e das trevas sem perceber.

Noventa por cem dos processos obsessivos que conturbam a Humanidade se instalam pelas brechas morais dos que fogem instintivamente à responsabilidade de viver, em nada se incomodando com a escolha de atitude, perante as pequeninas ocorrências do dia a dia.

Semelhantes irmãos nossos costumam abrir liberalmente as portas do coração para o mal, desde que o mal apareça melífluo e cerram-nas, desavisados, ao bem porque o bem surge sem os berloques da fantasia e, com isso, complicam-se e complicam os outros, estabelecendo infortúnio e discórdia.

Não nos iludamos. Ninguém pode atender a todos os chamamentos que nos acenam; ninguém consegue acertar sem analisar.

Lembremo-nos de que o próprio Jesus afirmou certa vez não vir trazer a paz, mas a divisão.

Espiritismo é a doutrina da fé raciocinada.

Diariamente é preciso dividir as sugestões que o mundo nos oferece, subtraindo as que não servem, somando as que demonstrem proveito justo e multiplicando-as para que tenhamos estrada limpa e visão segura ao levantamento do Mundo Melhor.

CAPÍTULO 27

Não tanto quanto

~~

Desperdício de força!

Clamamos contra obras suntuárias e gritamos por retificação aos excessos em que tantas vezes arrasamos valiosos recursos da vida... No entanto, muito raramente, refletimos no dispêndio inútil de energias com expectações e aflições desnecessárias.

À frente de tudo o que se refira ao mal, apliquemos a filosofia do "não tanto quanto".

Doenças – Fujamos de exagerar sintomas, flagiciando o corpo com pensamentos desvairados que funcionam sobre as células à maneira de raios destrutivos.

A moléstia exigirá cuidados, quase sempre, não tanto quanto fantasiamos.

Boatos – Abstenhamo-nos de atribuir demasiada importância às notícias alarmantes.

É possível que essa ou aquela informação desagradável tenha certo fundo de verdade, contudo, não tanto quanto presumimos.

Desgostos – Retiremo-nos de inquietações pueris, ao redor de provações e dificuldades, nos círculos sociais ou domésticos.

Os sucessos menos felizes merecem considerações, todavia, não tanto quanto prevemos.

Problemas – Olvidemos o costume de amofinar-nos por obstáculos do caminho.

Os impedimentos eventuais requisitam apreço comumente não tanto quanto imaginamos.

Ofensas – Esqueçamos rixas e desentendimentos sofridos, desistindo de carregar fardos magnéticos de angústia.

Mágoas solicitam cautela para que não se repitam, porém, não tanto quanto pressupomos.

*

Sombras e queixas, incompreensões e pesares!

Não nos desgastemos debalde, emprestando-lhes grandeza que não possuem. Pensemos neles, de algum modo, a fim de removê-los da estrada, mas não tanto quanto.

CAPÍTULO 28
Um terço a mais

Dinheiro é chave de muitas portas que conduzem a bons e maus caminhos.

Quem o possui sofre a tentação de criar filosofias próprias para gozá-lo e quem dele não dispõe vê-se, não raro, constrangido a situações que induzem o espírito a desejá-lo, razão pela qual abastança e penúria sem diretivas edificantes são capazes de projetar-nos na vala da provação ou no fosso do desespero.

As facilidades mantidas pela riqueza trazem consigo igual contingente de preocupações que podem ser excelentes ou lamentáveis, conforme o serviço ou o prejuízo que prestem na usança que se lhes dê e o engano mais generalizado a respeito do assunto é aquele da pessoa dinheirosa supor que o ouro fácil lhe garantirá ilusões e caprichos depois da morte.

Consideramos também que, na Terra, se por um lado, muitas privações terminam com a riqueza amoedada, por outro, grandes fortunas acabam em miséria da alma.

Prosperidade econômica há de gerar rendimento no bem comum sem o que se transforma em carência de espírito.

Riqueza na realidade constitui curso intermediário do aluno da Sabedoria Universal que estagia entre a animalidade e a angelitude. Se o bruto desconhece o dinheiro, o Espírito sublimado lhe dispensa o concurso.

O homem capaz de viver acima das atrações do dinheiro, seja para consegui-lo ou para gastá-lo, guarda a existência mais desafogada e mais livre, predispondo-se às mais nobres inspirações dos planos elevados da Vida.

Numerário excedente é recurso de ensino – estejamos certos. E, via de regra, na fieira de nossas reencarnações, a riqueza é um dos fatores principais da recapitulação de experiências amargas; isso porque as quotas de amparo fraternal que entregamos no mundo, seja em auxílio, trabalho, oportunidade e bênçãos nascidas do dinheiro disponível, manejado para construir, são geralmente inferiores às possibilidades de quem dá.

Por semelhantes razões, quem retenha dinheiro de que não precise, recorde em proveito próprio que se deve dar ou empregar no bem dos semelhantes, pelo menos, um terço a mais daquilo que julgamos distribuir ou aplicar normalmente.

CAPÍTULO 29

Defesa da verdade

Companheiros inúmeros asseveram que os postulados ensinados pelo Espiritismo sendo a verdade, não precisam de defesa.

Criaturas comodistas, não obstante bondosas, acrescentam que sendo a caridade a base em que repousa a Terceira Revelação, não se deve chocar, incomodar ou advertir a ninguém.

A verdade – afirmam – fala por si, não necessita de pessoas que lhe esposem a causa.

Entretanto, vejamos dois dos grandes princípios que dignificam a vida:

Educação – Todos sabemos que a educação é realidade inconteste, mas, por isso, não deixa de ter escolas, programas, compêndios, professores e especialistas dinamizando o ensino, sem o que a ignorância contaria com o seu império de sombras consolidado na Terra.

Justiça – A justiça existe por si, no entanto, por essa razão, não dispensa tribunais, legislações, juízes e advogados que lhe administrem os recursos, sem o que o mundo jamais sairia da animalidade e da delinquência.

Certamente que um orientador ou um magistrado não transmitem a instrução nem aplicam a lei, à força de golpes ou a golpes de força, mas se prevalecem da força moral de que dispõem para ensinar e corrigir, clarear e reajustar.

Assim também a verdade na Doutrina Espírita.

Não raro, aqui e ali, repontam obscuridades e enganos que, se acalentados, criam raízes de erros, estabelecendo prejuízos incalculáveis nos domínios do sentimento; de outras vezes, idolatria e trama artificiosa se levantam, com meloso enredo, ameaçando edificações morais de elevado alcance, a carrearem absurdidades e discórdias, através de mesuras e ardis.

Ninguém precisa ferir ou impor nesse ou naquele ponto da sustentação doutrinária, mas o espírita tem a obrigação de estudar e refletir, assegurar a limpidez dos ensinos que abraça e garantir-lhes a difusão clara nos alicerces do discernimento e da lógica, sem o que as consciências humanas, mesmo as que estejam sob os rótulos do Espiritismo, continuarão adstritas ao fanatismo e à superstição.

Não nos cansemos, pois, de trabalhar e servir, mas sem deixar de raciocinar e esclarecer.

CAPÍTULO 30

Prejuízos e vantagens

Quem assestar a observação pessoal em torno de si, descobrirá que o mundo se constitui de recantos multifaces, atraindo reflexões, qual se os olhos fossem caleidoscópios para visões de profundidade nos domínios da alma.

De trecho em trecho, um quadro sugerindo meditações:

O campo cultivado, embora a rudeza do solo;

O charco absorvendo considerável extensão de terra boa;

O jardim florindo, conquanto, às vezes, adubado a detritos;

O espinheiro deitando acúleos sobre gleba fértil;

A casa singela de quatro aposentos, em muitas ocasiões, aguentando mais de vinte pessoas;

O edifício de formação enorme, superlotado de comodidades, carregando apenas dois ou três habitantes;

A árvore sacrificada pela influência de parasitos e ofertando frutos em todas as direções;

O tronco opulento, rico de galharia, a revestir-se de beleza sem a mínima utilidade;

A fonte distribuindo benefícios, apesar de movimentar-se entre montões de pedras e areia;

O repuxo multicolorido que impressiona a vista sem saciar a sede, posto que situado no reconforto da praça pública.

Do mesmo modo encontramos o mundo moral em que respiramos.

Cada criatura é recanto vivo nos planos da consciência.

Muitos se queixam de imperfeições e dificuldades; inúmeros não enxergam as oportunidades e os talentos que usufruem.

Se todos temos empeços, todos igualmente desfrutamos vantagens.

Uns, possuindo vastos recursos, ocasionam prejuízos sem conta; outros, cercados de obstáculos, produzem valores imperecíveis.

Dirijamos as lentes do estudo desapaixonado sobre nós mesmos e perceberemos, de imediato, o que realmente somos e o que podemos ser, em matéria de bem ou mal, para os outros, na ordem da vida, tudo dependendo da aplicação de nosso livre-arbítrio.

CAPÍTULO 31

Dez apontamentos básicos da desobsessão

1. Certifica-te, nas tarefas da desobsessão, que os irmãos desencarnados em desequilíbrio reclamam tratamento análogo àquele que dispensamos aos familiares doentes.

Ninguém com bastante amor pelos entes queridos se lembrará de exibir-lhes as chagas em espetáculos deprimentes.

*

2. Sempre aconselhável a abstenção de toda palavra leviana ou insensata, mas principalmente no círculo dedicado à restauração dos Espíritos conturbados e sofredores.

Ironia perante a dor é irresponsabilidade com desrespeito.

*

3. Inicia corretamente as atividades socorristas, no momento exato.

Imagina-te faminto diante da mesa em longe e desnecessário cerimonial, depois da justa preparação.

*

4. Se operas com as faculdades de psicofonia, na seara mediúnica, cede a instrumentação fisiológica ao Espírito dementado, controlando-lhe os movimentos.

Qualquer doente exige enfermagem.

*

5. Ainda na mediunidade psicofônica, habitua-te a inibir o grito estentóreo e a palavra menos edificante, corrigindo as entidades infelizes que se valem de tuas forças.

Todo processo mediúnico é conjugação de energias e o médium é responsável pelos conceitos e imagens que veicula.

*

6. Mesmo que os comunicantes desditosos forneçam temas à hilaridade, mantém-te calmo e digno.

Perturbação não é motivo para gracejo.

*

7. Não formules perguntas descabidas ou inúteis aos Espíritos sofredores.

Um alienado não consegue falar com exatidão.

*

8. Conserva a pontualidade, na certeza de que os instrutores da Vida Maior esperam por tua cooperação, no atendimento às boas obras.

A mais bela melodia morre no anseio do pianista se a tecla não responde.

*

9. Evita ressentimentos, seja qual for a dificuldade.

Toda irritação é ponto de apoio para a manifestação das trevas.

*

10. Não alegues defeitos ou faltas para fugir de auxiliar.

Convence-te de que o nosso esforço positivo no bem é a nossa oportunidade de resgatar e de redimir.

CAPÍTULO 32

Propriedades

Malsinamos comumente os sovinas do dinheiro, como se avareza atacasse apenas os detentores de riqueza material.

Entretanto, existem outras propriedades, e todos as possuímos de uma forma ou de outra, das quais prestaremos contas, em se tratando da repartição necessária.

Anotemos algumas delas perguntando a nós mesmos o que estamos fazendo de semelhantes valores no enriquecimento da vida.

Cultura – Que realizamos a benefício dos outros com os recursos amealhados por nós nas áreas da inteligência?

Nome – Quantas vezes teremos permitido que o nosso nome sirva em auxílio das causas nobres, ainda mesmo com prejuízos e incompreensões em torno de nós?

Tempo – Que estamos fazendo com as horas ou minutos disponíveis para servir aos semelhantes?

Compreensão – Quantas são as ocasiões em que temos sofrido, em silêncio, acusações e pedradas gratuitas por amor à família ou à coletividade em que a Providência Divina nos situou?

Virtude – Que edificamos com as qualidades morais de que nos supomos portadores em favor daqueles que são considerados destituídos delas?

Evidência – Que doamos da posição elevada a que somos guindados pelo conceito público, no amparo despretensioso aos nossos irmãos que se confundem nas sombras da retaguarda?

Títulos – Que valem os pergaminhos que ostentamos no alívio às inquietações e sofrimentos alheios?

Cargos – Que vantagens esparzimos na direção dos demais com as responsabilidades com que somos transitoriamente honorificados na atividade de relação?

Amizades – Que lucros auferem nossos companheiros menos felizes das afeições que alimentamos?

*

Recordemos nossas aptidões, conhecimentos e possibilidades, quaisquer que sejam, e estejamos certos de que são também propriedades, muito mais importantes que as posses de ouro e terra, casas e joias, pelas quais seremos naturalmente inquiridos por nossa atitude e procedimento para com eles.

CAPÍTULO 33

Interdependência

~~

Basta breve reflexão para esquecermos humildemente qualquer propósito de destaque pessoal na construção do bem.

As Leis Divinas constituem a base dos deveres e direitos de todos, na estrutura do Universo, e decerto que para imunizarmo-nos contra os desvarios do orgulho, quanto mais evoluímos nos setores da inteligência, mais somos compelidos a depender da seara dos outros, com a obrigação de servir na esfera de ação a que fomos chamados.

Enquanto o homem primitivo conquista a subsistência de arco e flecha, pressupõe-se o senhor da taba e da terra, conquanto, por instinto religioso, se incline a adorar e temer as forças que não entende.

À medida, porém, que se reencarna através dos milênios para recapitulação das próprias experiências, começa a entrar no regime de interdependência, a fim de aprender que a vida é patrimônio comum, no qual, cada ser humano atinge merecimento conforme a colaboração que venha a prestar.

Beneficiamo-nos em leis que não promulgamos, adquirimos cultura em livros que não escrevemos, viajamos em veículos que não construímos, comemos pão que não amassamos.

Por outro lado, é possível sermos úteis a legisladores, escritores, industriais e cozinheiros na especialidade de serviço em que a vida nos colocou.

É princípio universal que os elementos se subordinem uns aos outros para que determinados elementos produzam na sustentação de outros.

Só Deus é tudo em todos.

Qual acontece nas construções do mundo e da Natureza, sucede no círculo da criatura.

Fujamos de alardear superioridade nisso ou naquilo no que respeita às vitórias do Espírito.

A colheita de ciência ou de amor, trabalho e compreensão na alma de alguém é sementeira, vigilância, atividade e cooperação de muitos.

Entrega, desse modo, a Deus o esforço que fazes a benefício de outrem, porque milhares de amigos, através de vidas numerosas, entregaram a Deus o bem que fizeram por ti.

Ninguém é dono da felicidade dos semelhantes.

Realização é interdependência.

Façamos a nossa parte.

CAPÍTULO 34

Espírita e comunidade

Assunto controvertido na opinião de quantos se recusam ao discernimento mais amplo: pode e deve o espírita escalar os postos de orientação da vida social?

Ser-lhe-á justo situar-se na atividade administrativa, gerir negócios públicos, zelar os patrimônios da coletividade, governar capitais, dirigir o trabalho?

Por que não se o espírita é intimado a assumir responsabilidades nos empreendimentos do bem?

Como negar-lhe a obrigação de auxiliar onde esteja?

Cabe-nos considerar tão somente que o espírita é aquele discípulo esclarecido e leal dos princípios cristãos indicado ao serviço de todos e quem se refere a serviço não se reporta à contenda.

Obviamente não lhe calha o modo suspeitoso dos que se prevalecem da inteligência para compartilharem da maratona ao poder, nem lhe assenta a paixão do destaque.

Nele se expressam as qualidades do servidor que não disputa nem rejeita o dever que se lhe confere.

Se não tramou circunstâncias para erigir pedestais à própria evidência e se não reclamou para si posições que pertencem a outros, lógico que a vida lhe traça incumbências de nível superior em matéria de condução e influência que é preciso cumprir e satisfazer.

Como, porém, saber quando se encontra ele na situação dos que se veem designados para esse ou aquele encargo na direção dos interesses da comunidade em que vive?

Muito simplesmente, o espírita aferirá as próprias resoluções consigo mesmo, indagando da consciência que atitude assume ante a Doutrina que abraça, porquanto há palpável diferença entre usar o Espiritismo em favor de si, e permitir que o Espiritismo use a nossa individualidade e os recursos de que dispomos em favor dos outros.

CAPÍTULO 35

Mal-entendidos

~~~~

Ausência de recursos materiais realmente dificulta a execução das boas obras.

Indiferença alheia atrasa a beneficência.

Ignorância entrava a marcha do entendimento.

Estreiteza de vistas retarda o progresso.

O que mais prejudica, no entanto, na edificação do bem é o mal-entendido, porque a interpretação errônea numa equipe de ação espiritual age à feição da praga roedora na estrutura da planta: dilapida o cerne, intensificando o processo de desintegração e surge, quase sempre, à vista do pomicultor quando o tronco jaz ensaiando o tombo fatal.

Lembrando carro seguro em funcionamento, uma instituição respeitável, às vezes, desliza brilhantemente na estrada do serviço, distribuindo instrução e consolo, socorro e apaziguamento, mas, de súbito, aparece o mal-entendido e opera-se o desastre.

Companheiros invigilantes adotam deserção, corrompem-se conjugações de trabalho quais peças destrambelhadas e congelam-se indefinidamente oportunidades e valores, com evidente prestígio para o domínio do mal.

Sejamos claros na defesa da Justiça, mantenhamos firmeza na preservação da verdade, para que a lógica nos dirija a emoção e nos alicerce o raciocínio, contudo, urge entrelaçarmos sentimentos e mãos na seara espírita contra semelhante agente da sombra que nos solapa as melhores energias, frustrando-nos realizações sem as quais não nos desincumbiremos sequer do labor autorregenerativo.

Para isso, extingamos os focos de pessimismo e azedume, irritação e intolerância em que o mal-entendido se desenvolve, com o mesmo empenho dentro do qual nos dispomos a exterminar as zonas de atividade das moléstias endêmicas.

Atentos aos múltiplos encargos de assistência, aduzamos este aos nossos recursos naturais de caridade e segurança moral: o esforço da compreensão e do equilíbrio, seja ouvindo ou falando, informando ou esclarecendo, para que esse ou aquele equívoco entre irmãos não se façam cupins de trevas, consumindo-nos ardilosamente as possibilidades e as forças que nos foram confiadas para o sustento da luz.

CAPÍTULO 36

Piedade

~~~~

Piedade, na maior parte dos modos com que nos acostumamos a cultivá-la, exige revisão.

Usamo-la, por vezes, como se desenrolássemos a frase em forma de chibata, vergastando a quem nos aguarda o consolo ou qual se entregássemos a moeda beneficente aquecida em ponto de brasa, queimando as mãos que a recebem.

"Graças a Deus, nunca sofri penúria", dizemos, de escantilhão, a companheiros que esmolam socorro material, dando a entender que Deus lhes seria perseguidor e não Pai.

"Dou sempre o que posso, embora saiba que há malandros em toda parte", proclamamos com altivez diante do irmão que nos solicita o concurso, esquecidos de que assim falando estamos a situá-lo nos meandros da vadiagem.

Visitamos uma viúva e perguntamos de chofre se o marido desencarnado lhe deixou montepio, indiferentes à dor da mulher que se vê solitária, aspirando recolher palavras de fé ao invés de comentários sobre dinheiro.

Em algumas ocasiões, ingressamos num hospital a título de fazer assistência e levamos lenço ao nariz ou recuamos perante o doente que a enfermidade carcome, sem considerar a posição vexatória com que lhe rebaixamos os sentimentos.

Piedade não é alguém supor reconfortar a outro alguém, ilhando-se em virtude hipotética.

Em muitos casos, a compaixão que deitamos assemelha-se à soda cáustica: branca na aplicação e corrosiva no efeito.

A golpes de orgulho presumimos animar e desencorajamos, cremos suprimir dificuldades e agravamos problemas, por ausência de tato e delicadeza.

Piedade é caridade e caridade é amor.

O amor coloca-se na posição dos que sofrem para servir.

Imaginemo-nos na luta dos outros e reflitamos na maneira ideal com que estimaríamos recolher-lhes o auxílio.

Não raro, os que se encontram nas sombras da provação não mais precisam de nossas dádivas, nem de nossas meras palavras; esperam tão somente por nosso coração com a ansiedade e o enternecimento de quem aguarda uma luz...

CAPÍTULO 37

Valores da vida

Todo intercâmbio entre as almas está em constante processo de renovação no sustento da marcha evolutiva de todos.

Nenhum coração pode viver normalmente sem companhia.

Olhar, gesto e palavra, ocorrências naturais em qualquer recanto da vida terrestre, têm significações profundas para a garantia da felicidade.

O olhar exprime os mais diversos sentimentos na mímica da face.

O gesto pode ser movimento inicial de grandes ações.

A palavra constrói ou destrói facilmente e, em segundos, estabelece, por vezes, resultados vitais para muitos anos.

Toda criação da consciência reveste-se de importância particular.

Desde o pensamento isolado a germinar da forja do cérebro à plasmagem respectiva, tudo se afirma com valor específico, registrado, medido e julgado por Leis Inderrogáveis.

Modificam-se os valores da vida externa, segundo os valores do entendimento.

Examinemos semelhante realidade.

O arco e a flecha, preciosos para o selvagem, carecem de proveito nas mãos do homem relativamente instruído.

Uma enciclopédia mostra expressão diferente aos olhos do professor e aos olhos do analfabeto.

As notas musicais são melodias para o músico e vibrações sonoras para o físico.

O desespero desconhece a paz que mora invariável no centro da vida.

A teimosia apenas aprova o que lhe convém às cristalizações.

O egoísmo vê concorrentes em todas as criaturas.

A fraternidade encontra irmãos em todos os companheiros.

A avaliação do bem e do belo varia, portanto, de Espírito a Espírito, de acordo com o burilamento íntimo de cada um.

Levantemos o pensamento para Jesus.

O Evangelho reúne os valores indestrutíveis.

Aproveita o mínimo ensejo de auxiliar aos semelhantes.

Observa o lado nobre das ocorrências.

Ajusta o colorido do otimismo nas telas do cotidiano.

Confia e espera com paciência.

O objetivo maior da Criação é a felicidade real de todos.

Estuda ao redor de teus passos se os seres e as coisas, os fatos e a vida permanecem estacionários ou progressistas, na procura de valores eternos e, buscando a tua própria integração com o melhor, caminharás firmemente no rumo da perfeição.

CAPÍTULO 38

Reforma espírita

Convencionou-se nomear como sendo reforma qualquer alteração que se pretenda imprimir nas atividades de relação, no sentido de melhorar as condições da vida comum.

Entretanto, considerando reforma por "reformulação" ou "forma nova" disso ou daquilo, ser-nos-á lícito falar de reforma espírita, dentro das tarefas a que somos chamados no Cristianismo Renascente.

E atendendo-se a que toda renovação em Espiritismo começa por dentro de cada um, independentemente de compressões exteriores, destaquemos algumas das reformas inadiáveis no Estado Íntimo, como sendo medidas que nos cabem adotar em regime de urgência.

Horas – Decretar para si mesmo orientações necessárias contra o desperdício das horas, valorizando as sobras de quaisquer minutos de que se possa dispor na feitura de algo proveitoso.

Posses – Criar disciplinas pessoais contra o egoísmo, renunciando à detenção do supérfluo em favor dos que se encontram em dificuldades mais amplas que as nossas.

Alimentos – Suprimir os pratos excessivos por iniciativa de proteção ao equilíbrio do corpo.

Palavras – Traçar determinações a si próprio contra a pompa verbal e contra as conceituações infelizes, a fim de que a simplificação nos auxilie a ser eloquentes sem exagero e tranquilos sem displicência.

Emoções – Reduzir o teor da sensibilidade para que melindres e queixas não solapem os benefícios da reencarnação.

Pedidos – Verificar criteriosamente a extensão de nossas solicitações e exigências diante dos outros e limitá-las ao estritamente necessário, ao mesmo tempo que devemos empenhar atenção e diligência em aumentar prestações de serviço.

Preocupações – Auxiliar-se, alijando aflições desnecessárias, cogitando apenas daquelas que traduzam vantagens reais para nós e para os que nos rodeiam.

Hábitos – Ordenar a extinção de práticas indesejáveis e a diminuição gradual ou a erradicação imediata dos costumes sem utilidade de qualquer natureza.

Adornos – Atenuar, quanto possível, a carga de enfeites para que não venhamos a cair na escravidão a exterioridades viciosas.

*

A reforma espírita nada tem a ver com as transformações do ambiente social nesse ou naquele ponto do planeta. É a reforma de nós mesmos, a iluminação da consciência e o reajustamento do ponto de vista individual, com base nos deveres cristãos, sem os quais toda metamorfose externa é apenas mudança de roupa, sem mudança de jeito.

CAPÍTULO 39

Caridade do dever

Troquemos, de quando a quando, os grandes conceitos da caridade pelos atos miúdos que lhe confirmem a existência.

Não apenas os feitos de elevado alcance e os gestos heróicos dignos da imprensa. Beneficência no cotidiano. Obra assistencial de cada um.

Calar o apontamento indiscreto.

Não empurrar os outros na condução coletiva.

Evitar os serviços de última hora, nas instituições de qualquer espécie, sobrecarregando empregados que precisam do ônibus em horário certo para o retorno à família.

Reprimir o impulso de irritação e falar normalmente com as pessoas que nada têm a ver com os nossos problemas.

Aturar sem tiques de impaciência a conversação do companheiro que ainda não aprendeu a sintetizar.

Ouvir, qual se fosse pela primeira vez, um caso recontado pelo amigo em lapso de memória.

Poupar o trabalho de auxiliares e cooperadores, organizando anotações prévias de encomendas e tarefas por fazer, para que não se convertam em andarilhos por nossa conta.

Desistir de reclamações descabidas diante de funcionários que não têm culpa das questões que nos induzem à pressa, nas organizações de cujo apoio necessitamos.

Pagar sem delonga o motorista ou a lavadeira, o armazém ou a farmácia que nos resolvem as necessidades, sem a menor obrigação de nos prestarem auxílio.

Respeitar o direito do próximo sem exigir de ninguém virtudes que não possuímos ou benefícios que não fazemos.

*

Todos pregamos reformas salvadoras.

Guardemos bastante prudência para não nos fixarmos inutilmente nos dísticos de fachada.

Edificação social, no fundo, é caridade e caridade vem de dentro. Façamos uns aos outros a caridade de cumprir o dever.

CAPÍTULO 40

Caridade da justiça

Existem pessoas na Terra que, embora usufruindo vida social respeitável, passam cinco anos sucessivos sem ver de perto um necessitado, sem sequer chegarem a crer que muitas criaturas desencarnam de inanição.

Participam dos acontecimentos sem observá-los.

Costumam empreender faustosas edificações sem o menor interesse em saber se faltam agasalho e pão, higiene e medicamento aos que trabalham nelas.

Lançam vago olhar a quem lhes comungam a experiência quotidiana, ralados pelo infortúnio, como se os contemplassem de cimo de torres invulneráveis.

Servem-se dos préstimos alheios sem a mínima consideração para com aqueles que lhes prestam auxílio.

Acreditam que o salário estipulado em preceitos legais é o bastante para recompensar o esforço de quantos lhes sustentam a segurança.

Entretanto a pouco e pouco, a vida nos prova que somos todos uma única família e que, se o mérito em serviço estabelece diferenças naturais para efeito de educação, a verdade essencial do Universo determina, mesmo em favor do mérito que desejamos adquirir ou acrescentar, que nos tratemos de igual para igual ou de irmão para irmão.

Solidarizarmo-nos com os necessitados, de quando a quando, apenas pela emoção é, indiscutivelmente, ação louvável, mas tão somente isso não soluciona o problema inarredável da solidariedade imprescindível.

Imperioso fazer e procurar fazer algo de substancial, em favor deles, como agimos, de hábito, à frente dos que nos partilham a consanguinidade.

Auxiliar não demanda vocação, solicita disposição com atividade sistemática no amparo aos outros.

Forçoso reconhecer que os supostos desconhecidos de hoje podem ter sido os parentes de ontem, nas trilhas da reencarnação, quanto as pessoas anônimas do presente serão talvez os amigos mais amados para vivência comum depois da morte.

A Doutrina Espírita, revivescendo o ensino de Jesus, não desconhece que a necessidade humana espera corações, cérebros e braços empenhados em resolver-lhe os trágicos desafios.

Subnutrição, analfabetismo, desabrigo, preconceito, fanatismo e doença constituem problemas nossos no mundo.

Espíritas irmãos, nós que tantas vezes louvamos a justiça da caridade, saibamos cultivar a caridade da justiça!

CAPÍTULO 41

Caridade do tempo

Amplia-se na vida, segundo as nossas necessidades, o tema sempre novo da caridade.

Ninguém calcula a importância do pão que socorre o faminto, nem o valor do remédio que alivia o doente.

Outras expressões de beneficência, contudo, vão surgindo imperiosas.

Uma delas, em que raramente refletimos, baseia-se na dádiva das horas – caridade do tempo, ao alcance de todos.

Não há criatura impedida de exercê-la. Em qualquer clima social, semelhante cooperação é fundamento do bem.

Um dia de trabalho gratuito no levantamento das boas obras...

Uma semana tomada às férias para concurso desinteressado às instituições que reúnem doentes menos felizes...

Um horário de serviço puramente fraterno na esfera profissional para os que nos reclamem a experiência...

Um momento de tolerância e respeito para os que se extraviam na cólera...

Um minuto a mais de atenção para a conversa de alguém que ainda ignora o processo de resumir...

Uma hora para a visita espontânea ou solicitada em que sejamos úteis...

Todos podemos calar para que outros falem, extrair alguns instantes dos apertos do dia a dia para atividades edificantes, empregar retalhos de repouso no estudo para conseguir esclarecer ou ensinar, suprimir um passeio ou uma distração para a felicidade de servir...

*

Não nos esqueçamos de articular oportunidades em auxílio de outrem.

Caridade do tempo, fonte de amor e luz. É com ela e por ela que a própria Sabedoria Divina nos ampara e nos reergue, corrige e aprimora, usando paciência infinita conosco, através das reencarnações.

CAPÍTULO 42

Caridade e evolução

~~

Caridade também progride.

A princípio é pão que sacia a fome, agasalho que protege. A criatura fixa o semelhante padecente e desperta, súbito, o instinto de solidariedade.

Percebe, por intuição, que amanhã é possível esteja sob o mesmo fogo de prova e aparece a generosidade louvável conquanto meio egoística, de vez que ajuda a outrem pensando em si.

Essa beneficência que habitualmente opera com a sobra das sobras assemelha-se a instituto individual de resseguros contra a necessidade, porquanto aquele que auxilia, após garantir-se como pode, atenua os riscos da existência diligenciando capitalizar gratidão e serviço em outra pessoa.

A caridade, à medida que se dilata e alteia na compreensão de alguém, alcança processos evolutivos inimagináveis, por transferir-se do campo externo onde campeia, franco, o jogo dos interesses humanos, para os domínios da compreensão pessoal.

Atingindo o território íntimo, não é mais conveniência, convertendo-se em luz. Luz de amor e visão integrando a alma com os objetivos supremos da vida.

Aí, a caridade não é tão somente o gesto de dar o bem, materializado em prendas que favorecem o corpo transitório, mas, acima de tudo, é a decisão de dar-se para o bem de todos, expresso em sacrifícios espontâneos, menores e maiores, a fim de que se estabeleçam os bens imperecíveis.

Chegada a esse ponto, a caridade é a força com que apagamos a labareda do ressentimento ou da revolta à frente da traição ou do insulto.

É a serenidade com que sorvemos o cálice envenenado que a crueldade ou a calúnia nos levam até à boca.

É a bênção muda do coração que espera o entendimento novo dos seus próprios carrascos, bendizendo-lhes os golpes.

É a resolução de servir sem a mínima exigência àqueles mesmos que se acham incapacitados para compreenderem, de pronto, os benefícios que recebem, espancando, muitas vezes, as mãos que os ajudam.

*

Caridade! Caridade! Se a possuis, dando de ti próprio com tudo aquilo que podes dar, sem a menor ideia de reconhecimento ou de êxito, estarás penetrando, desde a Terra, no futuro da vida, porque, mesmo que não saibas viverás praticando a caridade de Deus.

CAPÍTULO 43

Ingenuidade e otimismo

Benemerência gera otimismo, sorriso à frente do mundo; por mais obscura a paisagem, alma radiante clareando o caminho.

O dicionário traduz otimismo por "sistema de tudo examinar do melhor modo possível".

Aceitar as circunstâncias e as coisas "do melhor modo possível", no entanto, não é abraçar prejuízos por vantagens ou trevas por luzes.

Temos companheiros que, a pretexto de bondade, se imaginam ajustando lentes róseas à visão mental e declaram enxergar brejos por fontes e calhaus por flores. Extáticos, produzem teorias e discursos, esquecidos de que o viajante realista encontrará charcos nos charcos e pedras nas pedras.

O otimismo, no quadro, não procederá com ilusão.

Identificará a presença do pântano e dar-lhe-á o que possa, a fim de convertê-lo em terra fértil e reconhecerá o seixo aparando-lhe as arestas para que se faça utilidade em lugar próprio. Para isso, despenderá trabalho e atenção, agindo da maneira mais nobre.

Em atividade espírita, não será lícito caminhar de antolhos, mesmo que sejam tecidos com fios de mel, como se fôssemos portadores de pupilas enfermas, tão só para repetirmos inconscientemente que tudo é doçura em torno de nós.

Não somos chamados a condenar pessoa alguma nem a malquistar as situações por mais difíceis se mostrem; tampouco somos trazidos ao maior movimento de libertação da Humanidade para laurear a astúcia ou aprovar a delinquência.

Os problemas terrestres e os desafios da regeneração estão em nós e ao redor de nós, exigindo-nos entendimento e vigilância, sinceridade e serviço.

Indispensável não nos iludirmos com benevolência irrestrita, como não é justo entregar-se alguém à censura sistemática.

Reconheçamos que o mal ainda existe, diligenciando removê-lo com a nossa lealdade ao bem que nos propomos cultivar.

Sorrir sempre e abençoar sempre, mas discernindo sempre e corrigindo sempre, associando energia e brandura, amor e clareza.

Otimismo não é ingenuidade – é o processo de auxiliar – seja algo fazendo ou consertando algo – "do melhor modo possível".

CAPÍTULO 44

Dar razão

Contraditórios muitas vezes, estamos teimosos contra nós mesmos, quando incapazes de ceder a benefício real dos outros.

Capitulamos, diante de sacrifícios e despesas que sobrecarregam de inquietações o tempo e a vida, unicamente para desfrutar atenções louvaminheiras e dificilmente nos rendemos em mesquinhas questões do ponto de vista, apenas para que não sintamos diminuída a nossa reputação num milímetro só.

Raramente importam os prejuízos advindos da negligência ou da ostentação que adotemos, desde que a vaidade se nos hipertrofie no coração, propiciando-nos sensações de falso conforto e quase nunca nos dignamos examinar as consequências infelizes da resistência ou da rebeldia que esposamos arruinando ou comprometendo realizações da comunidade, cuja tranquilidade ou rendimento esperam por nós.

Decidamo-nos a perder nos prélios da opinião, desde que a lógica e o interesse geral nos peçam isso, tanto quanto é preciso assegurar firmeza de atitude na preservação dos valores essenciais das causas e das coisas.

Sobretudo, mantenhamos serenidade e desprendimento em todos os sucessos, nos quais a nossa pessoa se encontre em cheque de maneira exclusiva.

Desculpemos as injúrias de natureza individual, sem a menor indagação, do mesmo modo que é necessário garantir integridade de ação na defesa do bem de todos.

Abracemos de bom humor as observações alheias que nos auxiliem a tomar rumo certo. Enderecemos um sorriso de paz aos que enunciem raciocínios mais claros que os nossos.

Condescendência para as medidas e palavras que nos ajudem a manter a felicidade comum é qualidade que nos torna mais dóceis e mais valiosos nas mãos de Cristo para a edificação do Mundo Melhor.

Nós que nos interessamos em adestrar os braços na repartição do alimento e do agasalho, do remédio e do socorro, aos que necessitam deles, aprendamos também a ciência de gastar a nós mesmos – a ciência de dar razão.

CAPÍTULO 45

Torre de marfim

Se escreves ou falas, na construção das verdades do espírito, não te distancies dos outros, a tal ponto que eles não possam aproveitar e compreender.

*

Impróprio viver de modo exclusivo no passado ou no futuro.

Para atender, hoje, convenientemente ao vizinho, não precisas abordar-lhe a residência, ocupando uma cadeirinha medieval ou fazendo acionar um foguete de astronáutica.

*

Lamentável o emprego de linguagem empolada ou fora de uso.

Pura ironia deitar consolo em sânscrito a pessoas desalentadas e tristes, neste momento, junto de nós.

Inadequado derramar intelectualidade excessiva, a propósito de todas as ocorrências.

O rio que lhe dá de beber não desemboca dentro de sua casa, mas sim pede torneira humilde que lhe gradue a corrente.

*

Contrassenso trancar-se no conhecimento superior, a pretexto de que a ignorância senhoreia os demais.

Ouro que não auxilia a ninguém, no critério da vida, é inferior ao calhau que defende uma planta.

*

Inútil fugir ao exame dos problemas da Humanidade por mais escabrosos sejam.

Só porque se faça música sublime numa sala terrestre, não quer dizer que executores e ouvintes estejam imunizados contra a dor de cabeça.

*

Desistamos de ensinar quais fôssemos anjos.

Os sábios, para estudarem as constelações, no cimo dos observatórios não prescindem do pão que a terra produz.

*

Loucura menosprezar o trabalho dos outros.

A cooperação de que te vales na vida, queiras ou não, começa no lugar onde conversas, tanto quanto no papel ou na tinta com que grafas o pensamento.

*

Disparate enxergar valor somente no brilho da inteligência, menoscabando as outras atividades.

O Sol refletindo no areal do deserto é um deslumbramento de luz, mas arrasa qualquer caravana desprevenida.

*

Se desejas edificações espirituais, abraça o povo.

Recorda o Cristo descendo de remotas paragens do firmamento em auxílio dos homens, do contrário, podes ser um gigante de sensibilidade e cultura, mas não passarás de um tesouro pensante, em torre de marfim.

CAPÍTULO 46

Educar-se para educar

A cultura avançada na Terra patrocina, invariavelmente, processos mais amplos para a defesa do corpo.

Resguardos para as surpresas da temperatura.

Imunidades à frente das moléstias contagiosas.

Roupas adequadas para atravessar as ondas rubras do incêndio.

Escafandros destinados à imersão sem perigo nos segredos do mar.

Entretanto, não existem à venda peles que abriguem a pessoa contra o frio do desencanto, vacinas que a isentem perante a devastação da calúnia, amianto que a preserve do fogo das paixões nem aparelhos que a mantenham invulnerável sob os arrastamentos inferiores.

Há, porém, a cultura da alma que não se adquire nas universidades de alvenaria e que é possível obter na própria Terra, através das lições dos instrutores espirituais que se acham no educandário humano, em socorro da vida.

É por isso que há escolas e escolas, professores da inteligência e professores do espírito.

Todavia, as técnicas de instrução e adestramento possuem análogos mecanismos.

Se ninguém consegue envergar determinada veste por alguém e muito menos apropriar-se de recursos defensivos em substituição a outra pessoa, nos problemas do burilamento moral, vige idêntico preceito.

A Doutrina Espírita é o instituto universal de ensino e proteção, instalado por Allan Kardec, sob a orientação do Mestre dos Mestres – Jesus Cristo.

Nela encontramos todos os equipamentos e valores necessários à habilitação do espírito para a segurança e vitória no mundo e a favor do mundo que se eleva e melhora sempre, quando alguém se eleva e melhora...

Para isso, no entanto, indispensável se disponha cada um a aceitar pacientemente as provas terráqueas por exercícios inevitáveis, aprendendo a amar e servir, compreender e construir, a fim de educar-se para educar.

CAPÍTULO 47
S.O.S.

A existência terrestre é comparável ao firmamento que nem sempre surge perfeitamente anilado.

Dias sobrevêm nos quais as nuvens da prova se entrechocam de improviso, estabelecendo o aguaceiro das lágrimas.

Raios de angústia varrem o céu da esperança...

Granizos de sofrimento apedrejam os sonhos...

Rajadas de calúnia açoitam a alma...

Enxurrada carreando maledicência invade o caminho anunciando subversão...

Multiplicam-se os problemas, traçando os testes do destino em que se nos verificará o aproveitamento dos valores que o mundo nos oferece.

Entretanto, a facilitação de cada problema solicita três atitudes essencialmente distintas, tendendo ao mesmo fim.

Silêncio diante do caos.

Oração à frente do desafio.

Serviço perante o mal.

Se a discórdia ameaça, façamos silêncio.

Se a tentação aparece entenebrecendo a estrada, recorramos à oração.

Se a ofensa nos injuria, refugiemos no serviço.

*

Toda perturbação pode ser limitada pelo silêncio até que se lhe extinga o núcleo de sombra.

Toda impropriedade mental desaparece se lhe antepomos a luz da oração.

Todo desequilíbrio engenhado pelas forças das trevas é suscetível de se regenerar pela energia benéfica do serviço.

*

O trânsito da vida possui também sinalização peculiar.

Silêncio – previne contra o perigo.

Oração – prepara a passagem livre.

Serviço – garante a marcha correta.

Em qualquer obstáculo, valer-se desse trio de paz, discernimento e realização é assegurar a própria felicidade.

S.O.S. é hoje o sinal de todas as nações para configurar as súplicas de socorro e, na esfera de todas as criaturas, existe outro S.O.S., irmanando silêncio, oração e serviço, como sendo a síntese de todas as respostas.

CAPÍTULO 48

O barco e as ondas

Tentação, a palavra temível.

Quase sempre intentamos fugir dela para simplesmente desertar do trabalho e, por consequência, da escola que o trabalho representa. E caímos no logro.

Largamos o poço da dificuldade construtiva para arrojarmo-nos no abismo da inércia onde arrasamos o tempo.

Analisamos aprendizes, testamos máquinas, provamos quitutes caseiros.

Tentação é o recurso que a sabedoria da vida emprega para dar-nos o conhecimento de nós próprios.

Se o dinheiro não nos sugere a busca de prazeres desmesurados para os sentidos e se não lhe opomos o freio do discernimento, como poderemos saber que ele deve ser utilizado para a criação das alegrias nobres que nos enriquecem a alma?

Se o mal não nos convida algum dia a cultuar-lhe os desequilíbrios e se não lhe resistimos aos impulsos, de que maneira aprenderemos que o bem deve ser incorporado em definitivo ao nosso campo espiritual para ser usado naturalmente por nós como o ar que se respira?

Além disso, entendamos que a tentação é o agente que nos pesquisa a reabilitação, diante das Leis Divinas.

Se estamos na bengala dos cegos ou no catre dos paralíticos – conquanto a alusão não signifique qualquer desrespeito a eles –, já vivemos sob regime de bloqueio transitório entre as forças da vida e ninguém pode reconhecer, de imediato, o que faríamos da luz ou do movimento, se os tivéssemos ao dispor.

Assim é que ninguém se faz claramente conhecido, enquanto se encontra sob o guante da expiação ou da prova.

Estudemos a tentação quando chegue. Pelo modo que surge ou pelas gratificações que proponha, sabemos o que somos e o que nos cabe fazer.

Achamo-nos todos em evolução e, concomitantemente, em tentações que chegam por tabela. Cada uma em hora determinada e em problema certo. Saibamos superá-las para crescer e elevar-nos.

Sem tentação, impossível a tarefa da perfeição.

Recordemos o barco e as ondas que procuram submergi-lo. Sem elas jamais chegaria ao porto, mas é preciso vará-las sem permitir que entrem nele.

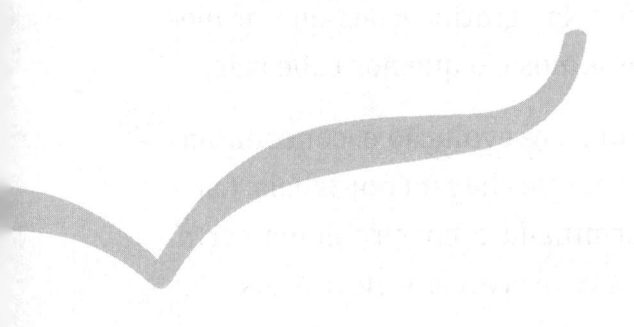

CAPÍTULO 49

Consequências

︶

A Lei de Causa e Efeito nos impele a pensar no regime de responsabilidade em que a vida nos preserva o livre-arbítrio da ação com as reações de compulsória.

Vejamos, de roldão, alguns exemplos de atitudes humanas no quadro das consequências.

Aborto provocado numa vida, em muitos casos, suscita mãe sem filhos na existência próxima.

Esposa que abandona o lar, não raro paga tributo de viuvez na romagem seguinte.

Bailarinos transviados, frequentemente renascem na condição de epilépticos.

Timoneiros da opinião que abusam do povo, reaparecem no mundo com a mente retardada.

Delinquentes que empregam fogo na consumação do crime, habitualmente reencarnam predispostos a dermatoses de trato difícil.

Suicidas ressurgem quase sempre nas crianças menos felizes que a morte aparentemente prematura arranca do berço.

Isso, quanto a erro deliberado. Mas todo propósito certo alcança resultados sublimatórios.

Serenidade nos achaques da velhice avançada constrói a base da maturidade mental precoce no renascimento que se lhe segue.

Moléstia tolerada resignadamente dá motivo à formação de corpo harmonioso e robusto na volta da alma à esfera física.

Diligência no estudo quando a experiência terrestre já se mostra em declínio favorece a cultura mais cedo na vida porvindoura.

Abnegação em calvários domésticos granjeia afetos mais respeitáveis e mais puros na estância futura.

Devotamento ao próximo, mesmo na fase terminal de longa marcha humana, traz o prêmio da simpatia e de vantagens inúmeras na reencarnação que se lhe sucede.

*

Suporta com paciência as provas do caminho.

Casa em reforma segura precisa aguentar ordens de arquitetos, martelos de pedreiros, alicates de eletricistas, vassouras de garis.

Não admitas que já passou o tempo de melhorar. Cada hora é bendita ocasião de empreender a recuperação de nós mesmos engrandecendo o porvir.

CAPÍTULO 50

Introspecção e reencarnação

O estudo da reencarnação não interessa unicamente ao exame do passado, às demonstrações do renascimento da alma na ascenção evolutiva; fala, mais profundamente, ao reequilíbrio de nós mesmos.

Não precisamos exumar personalidades que já desapareceram na ronda inflexível do tempo, a fim de nos certificarmos quanto à realidade dos princípios reencarnacionistas.

Recorramos à introspecção.

Pausemos na atividade cotidiana de quando em quando para observar-nos, no âmago do ser, e constataremos a expressão multiface de nosso espírito.

Aí, na solidão do plano íntimo, em análise correta e desapaixonada, surpreendemo-nos tais quais somos e, confrontando os impulsos que nos caracterizam a índole com os conhecimentos superiores que vamos adquirindo, esbarramos, de chofre, com as individualidades que temos vivido em muitas existências.

Depois de semelhante autoauscultação, vejamos o próprio comportamento na vida exterior.

Encontraremos, então, o traço dominante de nossa natureza múltipla no trato com pessoas e situações pelas reações que elas nos causam.

O que mais nos assombra é o desnível de nosso senso de amor e justiça, de vez que há circunstâncias em que pleiteamos tolerância e desculpa, quando por dentro estamos plenamente convencidos de que somos responsáveis e puníveis por faltas graves, e há criaturas que nos merecem o máximo apreço, sem que sintamos por elas nada mais que aversão e vice-versa.

Determinemos, por nós mesmos, as oportunidades que falamos disso ou daquilo, escondendo cautelosamente a opinião verdadeira que alimentamos no assunto; atentemos à nossa arte de despistar quando os nossos interesses estejam em jogo e verificaremos que a cortesia, em certas ocasiões, não passa de capa atraente que nos guarnece a astúcia, no encalço de certos fins.

Não nos propomos ao comentário no intuito de arrasar-nos ou deprimir-nos. Longe disso, sugerimos o tema com o objetivo de fomentar a pesquisa clara e benéfica da reencarnação, em nós mesmos, sem necessidade de quaisquer recursos a revelações outras, ao modo da pessoa que acende uma luz para conhecer os escaninhos da própria casa.

Estudemos a lei dos renascimentos na vida física, dentro de nós.

Não nos poupemos, diante da verdade, para que a verdade nos corrija.

Não basta que o discípulo tenha um mestre digno para senhorear disciplina determinada. É necessário que ele se informe quanto às lições e se aplique a elas.

CAPÍTULO 51

Vontade e adversidade

~

Realização alguma surgirá na edificação da felicidade sem que nos disponhamos ao uso nobre do livre-arbítrio.

A vontade é alavanca do destino.

Alavanca, porém, por dispositivo de impulso ou direção em qualquer engenho, é suscetível de ser movida para um lado ou para outro.

O leme nas mãos do condutor equilibrado guia o barco à estação justa, no entanto, sob o controle de navegante desprevenido, atira o abrigo flutuante sobre os rochedos.

Nós queremos isso ou aquilo, mas nem sempre conhecemos o que desejamos.

Sonhamos com a supressão imediata de todas as provações que fustigam a Humanidade. Este chega a ser um dos ideais mais elevados que somos capazes de acalentar, porquanto é necessário extinguir todas as dores que, de um modo ou de outro, infestam o mundo.

Entretanto, que seria de nós se doenças e lutas nos abandonassem de chofre a área de esforço evolutivo, se ainda trazemos cargas pesadas de egoísmo e de orgulho, à maneira de arestas que o buril do sofrimento precisa desbastar?

Empenhamo-nos em arredar apressadamente a morte do âmbito das atividades terrestres e devemos esforçar-nos pela conquista de longevidade tão grande quanto possível para a existência humana, contudo, que seria de nós sem a possibilidade de renovar-nos, através da reencarnação?

Com semelhantes assertos não estamos escrevendo a apologia da dor e da morte contra o bem-estar e contra a vida, apenas enunciamos o impositivo de nos ajustarmos às Leis Naturais, conformando-nos com elas, sempre que se expressem no sentido contrário às nossas expectativas.

Se a Providência Maior atendesse de improviso a todas as nossas súplicas, a pretexto de benevolência para conosco, a vida perderia o sentido e a Terra, a breve tempo, nada mais seria que um manicômio de largas proporções, em que petitórios satisfeitos fora de tempo gerariam solicitações descabidas e ambições desregradas, situando-nos em desajustamento e loucura.

Empreguemos vontade e esforço na execução dos compromissos que se nos erguem à frente, sem entrar em desânimo ou tristeza, quando os acontecimentos se mostrarem aparentemente contra nós.

Obter vantagem determinada só é vantagem quando o benefício de hoje pode ser benefício amanhã e no futuro.

Indispensável pensar se o proveito de agora será proveito depois...

Daí haver Jesus incluído o problema do querer, na oração inesquecível que nos deixou, quando nos ensina a afirmar diante de Deus: "seja feita a vossa vontade assim na Terra como nos Céus"...

CAPÍTULO 52

Obediência e abnegação

Convocados ao trabalho do Espiritismo, na libertação das consciências pelo cultivo do amor e da verdade, estamos engajados a serviço do Senhor.

Nas lides que abraçamos, porém, quase sempre, subvertemos a conceituação de obediência, transfigurando-a em automatismo e passividade.

Será isso, entretanto, que o Cristo espera de nós, ao aceitar-nos na Vinha do Mundo?

Preferir-nos-á na posição de escravos, aquele que disse, um dia, regozijar-se por chamar-nos "amigos"?

Claro que Jesus nos mantém na obra a que nos devotamos, convicto de que não precisará reorientar-nos a cada passo, nem alentar-nos a diligência em toques repetidos de ternura.

Iluminando-nos a alma, através do conhecimento superior que nos propicia, aguarda de cada um de nós o desempenho do dever que o plano da construção evangélica nos atribui.

Daí a inoportunidade dos nossos apelos a novas diretrizes, quando não praticamos ainda as que nos foram endereçadas e a impertinência de nossos recursos a consolações novas quando ainda não começamos a sofrer pelas tarefas primárias que nos cabem cumprir.

Vejamos o comportamento dos auxiliares considerados dignos, nas empresas terrestres.

O contador de firma determinada, para ser o homem de confiança na instituição que lhe usufrui a energia mental, não somente enfileirará palavras e números nos registros a que se vê obrigado, mas, acima de tudo, observará a lisura das contas, prevenindo-se contra enganos e preservando a integridade moral da organização a que presta concurso.

O motorista de um estabelecimento, a fim de granjear a fé naqueles que lhe comandam a atividade, não se limitará unicamente a manejar o volante, nas horas de movimento, e sim esmerar-se-á em conhecer a máquina que dirige, ajustando peças e sanando desequilíbrios iniciantes, quando o engenho esteja em repouso, de modo a ser o colaborador adequado ao salário que recebe.

Transplantemos essas lições da vida para o nosso convívio com os Bons Espíritos, que representam a bondade e a sabedoria do Cristo, junto de nós outros, os tarefeiros encarnados e desencarnados, na edificação da Terra Futura.

Obedecer, sim, e obedecer sempre.

Mas obedecer, executando as ordenações que nos são dadas e acrescentando de nós mesmos empenho e abnegação, paciência construtiva e otimismo operante, para que os Benfeitores Espirituais nos encontrem, sem melindres e sem desajustes, à feição de servidores exatos no lugar certo.

CAPÍTULO 53

Brandura e violência

Há quem julgue seja a brandura ausência de firmeza no caráter, quando a realidade não é assim.

Serenidade é entendimento e visão.

Água branda vence a pedra rija, por outro lado, o cais parado e silencioso contém o oceano que se move, terrível, na maré alta.

Em contraposição, temos a violência e a precipitação que suscitam complicações e agravam problemas.

O resto da história dos impulsivos, muitas vezes, é narrado por seus próprios personagens, nas penitenciárias onde se recolhem os náufragos que não desapareceram nos sinistros da delinquência.

O epílogo das biografias que se referem aos imprudentes é contado por eles mesmos, quase sempre, nos manicômios, quando não sucumbem nos desastres orgânicos que atraem.

Isso acontece, porque a irritabilidade compra cólera, a qualquer preço, na sucata das tendências inferiores que trazemos de vidas passadas, convertendo-a em projétil fulminativo, e a impaciência adquire aversões, onde aparece, incapaz de atender às sinalizações morais no trânsito da experiência, atropelando corações que se afastam, acidentados.

Brandura é a faculdade de recolher dificuldades extraindo-lhes o ensinamento e aceitar os calhaus que se lhe atiram para transformá-los em material valioso de construção íntima.

Ser brando não quer dizer que a pessoa se forre ao perigo em processo de fuga. Muito ao contrário, os Espíritos brandos permanecem tranquilos nas grandes perturbações como quem veste amianto em hora de incêndio, visando a apagar o fogo.

As criaturas serenas agem com reflexão e tolerância, sofrem sem reclamar e suportam pancadas por amor à paz dos outros e, sobretudo, sabem aguardar o tempo claro para examinar os enigmas que se lhes apresentam nos dias de sombra, sem a mínima intenção de se sobreporem ao interesse geral.

À face dessas razões é que Jesus considerou bem-aventurados os brandos de coração. Eles possuem a vida mais longa e os melhores recursos da

Terra por saberem cultivar benignidade, esperança, paciência e cordura.[1]

Quem aspire a colher esclarecimento mais vivo, observe a tempestade. Raios ribombam no espaço e tufões estraçalham a galharia, casas se destelham e raízes se desentranham, mas passado o frenesi dos elementos convulsionados, permanecem, invariáveis, a suavidade do ar puro e a calma do céu.

---

[1] N.E.: Qualidade ou caráter de cordato. Que age com prudência; sensato, amável, cordial.

CAPÍTULO 54

Amor e organização

~

Alguns companheiros de ideal nas fileiras da Nova Revelação costumam afirmar que a Doutrina Espírita carece unicamente de amor e de nenhuma organização. Afirmativa temerária que exge reparos especiais.

O Espiritismo efetivamente não comporta nobiliarquia, ritos, privilégios. Daí, no entanto, a dizer que dispensa formação de tarefas e responsabilidades há muita distância.

Intuitiva a imposição do amor em qualquer obra do bem, como o ar que se respira.

Amor à feição de Sol que tudo aqueça e ilumine.

O amor, porém, exige a constituição de deveres para não se degenerar em capricho.

Deveres reclamam definições.

Definições pedem ordem.

Amor será a manutenção do engenho da vida.

A máquina, contudo, não funciona sem o movimento sincrônico das peças que necessitam atender ao papel que lhes cabe no lugar certo.

O Criador, nos atributos que lhe adjudiquemos é, na essência, amor infinito. Nem por isso deixou de estabelecer cada criatura na posição exata em que é trazida a servir.

Pessegueiros e laranjeiras dão frutos sem trocar os característicos em que se exprimem.

Nuvens e fontes são veículos d'água sem se confundirem quanto ao local de onde fluem.

Amor comanda a existência do homem físico, e o homem físico não vive sem as vísceras organizadas.

A Ciência pode crescer e ampliar-se no sem-fim da inteligência porque a organização não falha nos processos da vida.

Não nos enganemos com falsas premissas de santificação prematura.

Amor sim e sempre.

Estejamos, todavia, atentos às obrigações que nos competem, respeitando-nos mutuamente e produzindo para o bem geral, na função a que fomos chamados, cientes de que a Doutrina Espírita é um corpo em si e que a cabeça não faz o serviço das mãos nem as mãos o trabalho dos pés.

CAPÍTULO 55
Hoje e amanhã

Toda ampliação dos valores humanos cresce conforme a despersonalização a que te afeiçoes no culto da verdadeira fraternidade.

Bens terrenos e aptidões intelectuais desenvolvem-se e progridem, desde que lhes canalizes as forças no suprimento do bem alheio.

Aquele que dispõe do que usufrui a favor dos semelhantes, caminha consolidando a própria paz.

A distribuição do ouro é imprescindível à saúde do homem abastado que não lhe resiste ao peso por longo tempo.

O emprego das tendências artísticas e das possibilidade da inteligência, em prol da felicidade geral, significa libertação das teias enfermiças da sombra.

Somos hoje, o reflexo do ontem.

Seremos amanhã, o reflexo de hoje.

Usurários, prendendo o dinheiro agora, estaremos depois encarcerados por ele.

Intelectuais viciosos aqui, surgiremos dementados além.

Menos abuso na arte, mais altura de espírito.

Menos preconceito na Ciência, mais luminosa ascensão.

Auxílio desinteressado, apoio a nós mesmos.

Renovação interior, subida moral.

Observa em teu presente, o futuro que se avizinha.

Não te enganes.

Extensões de terra, evidência econômica, parques industriais, tanto quanto a máquina do raciocínio, o arquivo da memória e a fonte imaginativa, representam empréstimos do Senhor, a serem mobilizados a serviço de todos, sem o que sofrerás pelos danos da omissão na esfera das consequências.

Não te esqueças, pois, de que és, e serás sempre, o único construtor dos instrumentos de que disponhas na vida e na estrada do teu próprio destino, na marcha insofreável da evolução.

CAPÍTULO 56

Conhecimento espírita

Muitos observadores perguntam por que motivo o ardor dos espíritas na preservação e na divulgação dos ensinamentos que abraçaram.

Estranham-se-nos o zelo – parta esse zelo dos espíritas encarnados e desencarnados –, nas instituições e avisos em torno da imortalidade, da esperança, do serviço, do bom senso, da justiça.

Por que tamanho interesse por uma doutrina que insiste em prestigiar as manifestações e as palavras dos mortos, se os homens estão chumbados ao solo do mundo, com as necessidades e problemas do mundo? – indagam afoitas inteligências que se presumem de escol.

Isso, porém, é o mesmo que se reunirem legiões de crianças para saber dos motivos pelos quais os adultos lhes traçam disciplinas e lhes erguem escolas.

Se o menino de hoje será o homem de amanhã, o Espírito encarnado agora será o Espírito desencarnado no futuro.

Estamos jungidos uns aos outros por inevitáveis conjugações.

O conhecimento espírita, na essência, é tão importante no reino da alma, quanto a alfabetização nos domínios da vida comum.

Não tivéssemos o ensino e a sociedade humana não passaria da selva.

Poderíamos inculcar como insensatos os professores que se devotaram à educação no curso dos séculos?

Assim, o Espiritismo.

Doutrina que restaura o Cristianismo em sua pureza, é a religião natural da consciência na Terra e no Universo.

Apoiemo-la na expansão necessária, iniciando-lhe a propaganda no exemplo individual e estendendo-a através do livro, do impresso avulso, da palavra, da preferência, da atitude.

A Humanidade tem tanta necessidade do conhecimento espírita, como precisa de pão ou de antibiótico, que devem ser fabricados e armazenados antes que a infecção contamine o corpo ou que a fome apareça.

Sucede assim porque todas as criaturas, queiram ou não, ressurgirão da morte retomando os patrimônios da vida, nas mesmas circunstâncias em que a pessoa habitualmente desmaia no sono, cada noite, para despertar consciente na manhã seguinte, com as aquisições felizes ou infelizes em que se achava na véspera.

À vista de semelhante realidade, embora respeitando as convicções dos outros, no que se refere ao plantio e cultivo da instrução espírita, a nossa obrigação é compreender, edificar, servir e continuar.

CAPÍTULO 57
Leitura espírita

~

Conquanto o Espiritismo – ou Doutrina dos Espíritos –, tenha surgido da palavra dos próprios Espíritos, luminares da evolução e do aprimoramento da Humanidade, não será lícito esquecer o trabalho paciente e valioso daqueles Espíritos outros, denodados pioneiros do progresso e da felicidade dos homens, reencarnados na Terra, para a elevada missão de fixar-lhes os ensinamentos.

Compreende-se que a mente popular se empenhe à procura do verbo revelador que flui da Espiritualidade pelos canais medianímicos, acostumada que se acha a encontrar por esse processo, há mais de um século, instruções e lições seguras, desde que *O livro dos espíritos* apareceu por monumento básico da Verdade, em que o homem interroga e os Espíritos respondem sobre as mais transcendentes questões da Vida e da Natureza.

Forçoso, no entanto, reconhecer o mérito dos agentes humanos que dignificam os princípios espíritas, a comentá-los, desenvolvê-los, interpretá-los e iluminá-los.

*

Sem Allan Kardec, não teríamos a autoridade terrestre, reunindo fatos e deduções na formação da Doutrina e, depois do Codificador, tivemos no mundo toda uma plêiade de missionários corporificados na forma física, organizando empreendimentos e realizações que honram todos os setores do Espiritismo, erguido à condição de Cristianismo Redivivo.

A eles devemos construções doutrinárias inesquecíveis, quais sejam:

As interpretações científicas dos fenômenos.

As experiências inatacáveis.

As análises filosóficas.

As ilações religiosas.

Os relatórios seguros.

A organização do intercâmbio espiritual.

A literatura da Nova Revelação.

A escola e o ensino kardequianos.

As observações precisas.

A história do Espiritismo.

A imprensa renovadora.

Os boletins informativos.

Os simpósios permanentes de estudo.

Os conclaves de orientação.

As teses santificantes.

Os apelos à sublimação da alma.

Os planos das obras espíritas.

Indubitavelmente é imperioso creditar a eles – devotados seareiros da luz, precioso e inestimável trabalho na sementeira e difusão das verdades que abraçamos, razão por que, tributar-lhes consideração e estímulos, lendo-lhes as páginas edificantes e louvando-lhes o serviço benemérito é para todos nós inalienável dever.

*

Companheiros!

Honremos os livros dos Espíritos, nas letras mediúnicas que desdobram os primores da Codificação, à luz do Evangelho, mas reverenciemos também os livros dos espíritas valorosos e sinceros que são, na Terra, abnegados apóstolos do Senhor!

CAPÍTULO 58

Medida espírita

}

Não te esqueças de que o Espiritismo não é simples religião igual às demais; é um método de viver.

Não só esperança que encoraja nem só argumento que edifica, não só palavra que brilhe nem só meditação que esclareça, mas sobretudo roteiro condutor.

Pode-se caminhar de muitas maneiras, com inúmeros padrões existenciais, porém, para seguir segundo o Espiritismo só existe uma única medida em todas as situações da romagem humana – o metro da caridade sob a luz da consciência.

Substancializando a Doutrina do Cristo, a Doutrina Espírita oferece aos homens um modo de ser diferente de tudo aquilo que os homens conheciam até o seu advento renovador.

Indica-lhe uma diretriz para os pés;

um ritmo para as mãos;

uma regra para a língua;

um processo para a visão;

uma norma para o sexo;

uma craveira para o raciocínio;

um estalão para o sentimento;

uma bitola para o discernimento;

um padrão para a pena;

um modelo para o trabalho;

um plano para o lar;

um programa para o dinheiro;

uma baliza para a conduta;

uma prescrição para a responsabilidade;

uma qualidade para a fé;

um critério mais avançado para o sentido de proporções.

O próprio fenômeno mediúnico e a essência de que deriva – a mediunidade, conhecida desde a antiguidade remota e que pode ser exercida até mesmo pelo Espírito absolutamente ateu – recebe com a Doutrina Espírita uma interpretação diversa, atingindo um grau de significação jamais vislumbrado pela Humanidade.

*

Certifica-te, acima de todos os teus ideais, que o verdadeiro espírita, o espírita cristão, é a criatura que vive segundo o Espiritismo.

Aceitar simplesmente um princípio ou os princípios espíritas, sem vivê-los, será decerto, para aquele que assim procede, amesendar-se[2] no pão da consolação, rejubilar-se na festa, figurar na estatística, aderir a opiniões ou transmitir informes construtivos que não passam da boca, mas realmente, ainda não é ser espírita, conforme o Espírito da Verdade.

---

[2] N.E.: Refastelar(-se); colocar(-se) à mesa; sentar(-se) de maneira confortável.

CAPÍTULO 59

Irmãos do contra

Fácil, realmente, encontrar aqueles que se opõem à marcha natural dos trabalhos de fraternidade – os irmãos do contra.

Não nos reportaremos, no entanto, a eles como quem abre comportas às sugestões de fracasso, mas sim para analisar o pessimismo e as consequências graves que lhe dizem respeito, ao modo de quem examina o perigo de doença determinada no comportamento dos enfermos que a manifestam.

Surgem por adversários potenciais de tudo e de todos.

Prematuros na opinião, revelam-se tardos na ação.

Revoltam-se ante a conformidade produtiva e resignam-se à frente dos excessos que destroem a existência.

Não fazem sacrifícios, mas sacrificam a si próprios, sacrificando os outros.

Esquecem o lado bom do passado para se acomodarem ao lado pior das próprias recordações.

Afligem os aflitos, desajudando os semelhantes necessitados e exigem que os Mensageiros das Esferas Superiores se lhes façam servidores atentos.

Se admitem algo, frequentemente admitem o inadmissível.

Normalmente contraditórios, contradizem qualquer projeto edificante.

Com ideias preconcebidas, impugnam as ideias novas.

Crônicos no desânimo, respiram em regime deficitário seja qual seja a direção que adotam nos caminhos da experiência.

Exibem vozes acariciantes tão somente quando embalam ruínas...

Não veem a noite que se esvai quando nasce o dia, mas salientam as primeiras nuvens que tisnam o alvorecer...

Vigilantes no personalismo negativo, invertem atitudes e intenções das pessoas, qual se confundissem deliberadamente os frutos das árvores.

Pela infertilidade no bem, tornam-se férteis no mal.

E apenas coerentes com a própria incoerência, cuidam do corpo, descuidam do espírito e, vezes e vezes, renascem de novo para morrerem sob velhos enganos.

Estudemos nossas vidas para verificar, por nós mesmos, quando nos identificamos com eles e quando nos situamos junto deles, prejudicando o curso das boas obras.

E, observando construtivamente os nossos irmãos do contra sistemático, por hospedeiros do pessimismo que ousaremos classificar qual ameaçadora virose mental, imunizemo-nos no cultivo da paciência invariável, oferecendo a todos eles o concurso da oração silenciosa por apoio invisível e o serviço incessante por remédio oportuno, na farmácia do bem.

CAPÍTULO 60

Tu e alguém

— Alguém falou mal de ti?

Perdoa.

E além de perdoar, aproveita a lição: quem sabe foi dito algo de verdadeiro que merece ser analisado para ser corrigido?

*

— Alguém te feriu?

Abençoa esse alguém.

Se agiu assim não sabe o que fez: quem pode atirar a primeira pedra?

*

— Propalas o mal que alguém te fez?

Disciplina-te.

Nunca mais faças isso: olvidar o mal é o princípio do bem de que todos necessitamos.

— Demonstras mágoa reprovativa para com alguém?

Domina-te.

Não lhe dês satisfações prejudiciais. Ajuda a esse alguém e passa adiante exemplificando o amor fraternal.

*

— Tens insônia ruminando mentalmente o caso que te aborrece?

Vigia.

Pensa o menos possível no mal que outrem te fez: quem estende o sofrimento alheio recebe sempre sofrimento maior.

*

— Não cogitas de reconciliação?

Pondera.

Concilia-te na primeira oportunidade, com todos aqueles que te ofenderam, mostrando a iniciativa da boa vontade sem orgulho que te ensombre e sem bajulação que te avilte.

*

— Dizes perdoar e não queres mais ver os que te feririam?

Reconsidera.

Perdoemos não só com os sentimentos, mas também com as ações transformando-nos em colaboradores, ainda que ocultos e indiretos, da felicidade e da paz de quantos se levantam por nossos adversários.

*

— Queres esquecer sem perdoar?

Reflete.

Perdoa incondicionalmente aqui e agora: uma restrição que imponhas é nuvem para o futuro cujos pormenores desconhecemos.

*

— Afirmas que perdoarás amanhã?

Medita.

Perdoa tão depressa quanto possível, aproveitando o dia que passa e ainda esta noite o teu sono será mais tranquilo.

*

— Não te sentes com força de perdoar?

Ora.

A Providência Divina dar-te-á energias novas com que possas plantar humildade no coração e maturidade no espírito.

*

— Mentalizas a vingança?

Repara.

Ódio é suplício que impomos a nós próprios; perdão é alegria e amizade que partem de nós para fortalecimento da alegria e da amizade no mundo inteiro.

*

— Alguém não te entende a mensagem de reaproximação e bondade?

Acalma-te.

Se esse alguém permanece inabordável e irredutível, asserena a consciência e aguarda confiante, servindo quanto puderes, na certeza de que estarás junto desse alguém ao lado do amor infinito de Deus, que auxilia e espera sempre.

CAPÍTULO 61

Vigiar para quê?

Vigiar na expressão correta será, decerto, espreitar, observar, permanecer atento, mas na palavra do Cristo e, sobretudo, no conceito espírita cristão, o termo ganha em extensão e profundidade.

Vigiar e vigiar, mas para quê?

A opinião popular para definir atitude acautelatória costuma repetir que é necessário abrir os olhos, esquadrinhar pormenores em torno, certificar-se quanto a isso ou aquilo.

E não poucos Espíritos, mesmo aqueles que se mostram servidos por excelente cultura, imobilizam os ponteiros do relógio da observação pessoal nos minutos infelizes de situações e pessoas, qual se o tempo não fosse concessão divina, em desdobramento constante, favorecendo a melhoria e a renovação permanente de tudo.

Realizam notável serviço de alerta e catalogam defeitos e falhas, com primorosas coleções de censuras e avisos.

Evidentemente, ninguém deve menosprezar conselhos e previsões, no entanto, vigiar, na temática de Jesus, é identificar a região moral onde o socorro se faça preciso e efetuá-lo sem alarde, no espírito da caridade real que estende a mão direita sem que a esquerda tome conhecimento disso.

De que adiantaria um professor que vigiasse os alunos sem ânimo de ministrar-lhes instrução? Ou um semeador que montasse leal sentinela, à frente do campo, sem o menor intento de cultivá-lo?

Vigiemos, sim, mas para descobrir o processo de auxiliar com segurança na edificação do melhor e na preservação da harmonia.

Procuremos abrir os olhos para ajudar em silêncio e servir em proveito dos outros sem lisonja a nós mesmos.

Reportamo-nos, frequentemente, à penúria e à ignorância que ainda infestam regiões enormes da Terra e descerramos colunas e colunas de jornais para convulsionar a emoção pública com a exposição dos desastres e tragédias que a miséria e a incultura patrocinam, mas não será o caso de, antes, abrir os olhos para ver as necessidades do mundo a fim de suprimi-las sem vozerio?

Conhecemos hoje os prodígios da imunização.

Flagelos antigos, quais a varíola e a febre amarela foram extirpados do planeta porque o homem, pela Ciência, se empenhou a espreitá-las na origem, de modo a coibir-lhes os efeitos.

Por que não sondar, pelas antenas da caridade, o que se deve fazer para evitar a criminalidade e a indigência?

Disse-nos o Mestre: "orai e vigiai, para não cairdes em tentação", que podemos interpretar como sendo apelo a não cairmos na tentação da preguiça de quem se acomoda no mal, verificando males e denunciando males, sem nenhuma vocação para a obra do bem.

CAPÍTULO 62

Sacrifícios voluntários

︾

Considerando a atividade religiosa por instituto de sublimação da alma, a caminho para a integração com Deus, reflitamos com a Doutrina Espírita, que os sacrifícios voluntários praticados antigamente pela devoção no encalço de merecimentos espirituais, podem ser hoje interpretados logicamente por diretrizes frutíferas da consciência, em proveito próprio.

Nada de cintos eriçados de farpas para tormento físico desnecessário, nem de abstenções ilógicas suscetíveis de arruinar a saúde.

Vejamos alguns dos atos que o Espiritismo claramente compreende e patrocina, sem qualquer misticismo:

Votos – Façamos aqueles que se relacionem com a extirpação dos hábitos infelizes de que ainda sejamos portadores, para tranquilidade nossa e daqueles que dependem de nós.

Promessas – Estabeleçamos compromissos de servir mais desinteressadamente na edificação da felicidade alheia com esquecimento de interesses personalistas.

Oblações – Ofereçamos bênçãos de trabalho, compreensão e socorro ao próximo necessitado de assistência e entendimento, a quem nos compete amar em nome de Deus e dos Bons Espíritos, transformados em Mensageiros Divinos para atenderem às carências humanas.

Jejuns – Realizemos os que se referem à supressão da gula mental, em torno de posses e prazeres absolutamente dispensáveis à nossa alegria e segurança.

Penitências – Suportemos, sem revolta, o imperativo de aguentar fraternalmente as pedradas e as afrontas da senda cotidiana para as quais ainda não possuímos as qualidades dos Espíritos angélicos.

Cilícios – Apliquemo-nos às disciplinas que visam ao nosso burilamento moral, cultivando serenidade e paciência, bondade e tolerância, nas situações difíceis em que o direito parece estar de nosso lado.

Holocaustos – Atendamos espontaneamente à extinção da vaidade e do orgulho, que nos afligem com os pesadelos da suscetibilidade e da queixa.

Peregrinações – Adotemos o hábito de excursões de fraternidade e beneficência, atenuando os problemas dos irmãos que sofrem solidão e doença, desolação e penúria.

Diz a palavra das Revelações que o Senhor deseja "misericórdia e não sacrifício".

Consagremo-nos, desse modo, às obras de misericórdia que nos reclamam – não a piedade respeitável mas vazia das dilacerações sem proveito –, mas sim o esforço incansável do obreiro diligente que colabora com o Mestre na tarefa da construção e do aperfeiçoamento do mundo, que ainda está muito longe de terminar.

CAPÍTULO 63

Norma de ouro

︶

Ama o próximo como a ti mesmo.
A regra áurea reconhece o amor a nós próprios, justificando a necessidade do autoapreço, para que não estejamos pregando estima aos outros, a chafurdar-nos em desmazelo.

Muito naturalmente aspiramos ao respeito pelos direitos que a vida nos atribui.

Almejamos a cooperação de muitos para que os nossos deveres se façam bem cumpridos.

Nas horas do erro, agradecemos a caridade dos que nos propiciem o reconforto da tolerância.

Nos momentos de acerto, sentimos novo impulso ao serviço ante os estímulos da amizade.

Acicatados pela necessidade, queremos que os outros nos auxiliem.

Doentes, não duvidamos de que o próximo tem a obrigação de amparar-nos.

Diante daqueles que amamos exigimos a consideração dos que se aproximam.

Nas tarefas que somos impelidos a realizar aguardamos a avaliação afetiva dos que andam conosco.

Forçoso observar que os outros esperam também tudo isso.

A incompreensão aborrece-nos, o sarcasmo que se nos atira mais se assemelha a esbraseado estilete com que se nos revolve os tecidos da alma. Acontece o mesmo na sensibilidade de quantos nos cercam.

Por outro lado, não nos seria lícito receitar educação para os semelhantes sem sermos educados nem apelar para o caráter alheio se nos amodorramos no charco da incúria.

"Ama o próximo como a ti mesmo", diz a norma de ouro.

Nada de endeusar-nos, nem aparentar valor que não temos, mas respeitar-nos, garantindo ao nosso espírito o dom de aprender, servir e melhorar-nos com tranquilidade de consciência. Para chegarmos a isso, reconhecer que, em tudo, é preciso dar e fazer aos outros tudo aquilo que desejamos seja dado e feito a nós.

CAPÍTULO 64

Perigos no serviço espírita

Aborrecer pessoas com perguntas desnecessárias.

Conservar o aspecto de criatura excessivamente preocupada consigo mesma sem capacidade de ouvir os outros.

Preferir os irmãos que lhe sejam simpáticos.

Esquecer a bênção da gentileza.

Criar aflição ou medo nos que lhes recebem o concurso fraterno relatando observações mediúnicas inconvenientes ou enfileirando assuntos de teor negativo.

Prometer realizações impossíveis, em nome de falso consolo, conquanto deva clarear com bondade e otimismo as circunstâncias mais escuras.

Olvidar a sinceridade.

Exigir a presença de cooperadores nas incumbências pequeninas que deve executar por si.

Admitir que pode fazer tudo.

Desconsiderar o trabalho dos companheiros.

Guardar suscetibilidades.

Não estimular a capacidade produtiva dos colegas de ação espiritual, auxiliando-os a acertar ou começar.

Atribuir a si próprio o êxito da tarefa com esquecimento do carinho e do respeito que deve à equipe a que pertence.

Arrastar a obra espírita às aventuras sociais e políticas, deixando-se manobrar.

Faltar ao compromisso sem razão justa.

Analisar certas situações em caráter destrutivo ou deixar de analisar construtivamente aqueloutras em que o interesse geral esteja comprometido.

Desacreditar núcleos de atividade espírita simplesmente porque não sejam aqueles que mais admira ou frequenta.

Desrespeitar os pontos de vista expendidos por outros irmãos.

Fugir da disciplina ou da ordem, a pretexto de caridade.

Alegar doença, velhice, cansaço ou excesso de trabalho para deixar de estudar quando, se estudasse, poderia servir com mais segurança e eficiência aos Benfeitores Espirituais e aos irmãos necessitados para os quais o Espiritismo é o amor de Jesus em ação.

CAPÍTULO 65

Força maravilhosa

Vive conosco qual divindade num castelo...

Sem qualquer noção de medida para a beleza, impele-nos a sonhar com mundos novos e troféus ideais.

Arrebata-nos a visões gloriosas em que nos pressentimos, de inesperado, no limiar de eras e esferas ditosas, com a inocência de quem tomou passaportes no rumo de paraísos ignorados.

Às vezes, adquire as propriedades do estimulante que carrega a pessoa para os derradeiros pesadelos da audácia, compelindo-a a mentalizar realizações impraticáveis e, noutras ocasiões, assemelha-se a entorpecente empolgante engodando a alma com a exposição de cenários deleitosos, nos quais se sente chamada a usufruir uma felicidade impossível.

Sem ela, raciocínio e sentimento vagueariam, transviados, por falta de alimento adequado, porém, se age sozinha, atira a razão para o cálculo desproporcionado e arrasta o coração às zonas abismais do descalabro emotivo, de onde a mente se transfere com facilidade para a queda em obscuros compromissos para repetidas reencarnações de sofrimento e resgate.

Em nós outros, os cultivadores da Doutrina Espírita, encarnados ou desencarnados, semelhante deidade acende cartazes luminosos, anunciando reinos encantados de ventura fictícia, habitualmente colocando metas e vitórias antes de esforço e luta.

Lidando, acima de tudo, com esboços e projetos, aliás indispensáveis a qualquer edificação nobre, costuma embriagar-nos com perspectiva de conquista sem labor e ascensões sem transposições de obstáculos.

Nesse aspecto usa as belas palavras como sendo cores hipnóticas e as grandes emoções por pincéis fantásticos, imobilizando-nos em epopeias de ilusão, dentro das quais acordamos, comumente desalentados, quando não temos suficiente juízo para guardar-nos em responsabilidade e serviço.

Clareando o plano íntimo, preservamo-nos contra essas miragens que esbarram em sombra e vazio, porque essa força maravilhosa é a nossa própria imaginação.

Precisamos dela e nada faremos de proveitoso sem ela, contudo, disciplinemo-la sobre os trilhos do discernimento e da lógica, porque imaginação sem obrigação será sempre um espetáculo fascinante na plateia dos sonhos a exibir-se no palco do tempo perdido.

CAPÍTULO 66

Lista íntima

Se alguém é chamado no mundo ao aproveitamento integral das horas, esse alguém é o espírita, ciente das responsabilidades que contraiu para a reencarnação.

E não ignoramos que toda pessoa organizada tem programa estabelecido em matéria de aplicação do tempo. Esse programa decerto não inclui as realizações maiores da família ou da comunidade, porquanto as ocorrências de grande expressão jazem na memória do grupo.

A criatura avisada e prudente possui agenda para as obrigações e aquisições do dia a dia como sejam a relação de compras e o rol da roupa a lavar.

Recordemos semelhante característico de quem cultiva atenção para com os próprios deveres e, na qualidade de Espíritos eternos, conhecedores de que a formação do burilamento íntimo e a edificação da felicidade não dispensam o justo emprego de tempo, organizemos a nossa lista diária de atitudes que, a todo custo, nos cumpre evitar, a fim de alcançarmos a realização espiritual a que aspiramos.

Apresentamos aqui algumas inconveniências mais frequentes nas diretrizes de nossa marcha, das muitas que, há tempos, vimos traçando para a nossa conduta pessoal no cotidiano:

Nunca julgar-me acima dos semelhantes.

Não tenho o direito de atirar as minhas obrigações em ombros alheios.

É meu dever descobrir a melhor maneira de auxiliar sem pedir orientação que eu mesmo conheço.

Não me cabe exigir de outrem o que sei perfeitamente fazer e como fazer.

Não posso temer as responsabilidades que me são confiadas.

Não devo querer ser injusto com o pretexto de ser bom.

Estimo afetuosamente os amigos, mas sei que a verdade e os interesses do serviço do bem estão acima de nós.

Necessito fugir à conversa inútil.

Jamais me cabe arranjar desculpas em meu favor, conquanto precise praticar a máxima tolerância para com os outros.

Hei de abolir qualquer inclinação à queixa.

Este é um pequeno trecho de minha longa lista de impropriedades.

Se te propões a ganhar tempo e valorizá-lo, faze também tua lista, mas recebe, antes de tudo, os nossos parabéns se nos lês semelhantes apontamentos sem precisar.

CAPÍTULO 67
Mediunidade e fidelidade

Todos destacamos a excelência da mediunidade nas demonstrações da sobrevivência.

Um companheiro apresenta sinais evidentes de força psíquica em exteriorização e reconhecemos nele um instrumento potencial para as manifestações de espiritualidade.

Inclinamo-lo a apassivar-se, diante das inteligências desencarnadas que o cercam e, quase sempre, exortamo-lo a regimes de adestramento físico para que se lhe ajustem as possibilidades orgânicas ao comando das entidades que lhe influenciam a mente.

Bastará, no entanto, apenas isso?

Que dizer de alguém que viesse a fabricar valioso automóvel sem a menor preocupação de preparar um motorista adequado à máquina, com a prática do manejo de suas peças e com todos os conhecimentos da sinalização necessária do trânsito?

Atendamos à mediunidade desenvolvida, mas de que vale o aparelho medianímico sem a orientação daquele que responderá por seu uso?

Assim é que não basta possuir mediunidade ou exercitá-la para corresponder com ela aos desígnios edificantes da Doutrina Espírita.

Necessário saiba o médium que aptidões estabelecem responsabilidades e que responsabilidades honorificadas pelo trabalho construtivo ou menosprezadas por atividade menos digna gera, respectivamente, o auxílio dos poderes que elevam a vida ou a companhia dos agentes que a rebaixam.

O médium, quem quer que seja, é alguém observado e aproveitado pelos Espíritos desencarnados com os quais se afina. Daí, não serem suficientes os valores mediúnicos que detém.

Imprescindível se eduque, estudando e raciocinando, melhorando conhecimentos e apurando atitudes, principalmente aceitando em si e por si a felicidade de servir na construção da felicidade dos outros.

Somos defrontados no mundo de hoje por esse problema fundamental no intercâmbio entre encarnados e desencarnados.

Mediunidade é talento comum a todos.

Desenvolver a mediunidade exige apenas decisão.

Espíritos instrutores todos os médiuns os possuem.

Entretanto, raros, muito raros, são os médiuns que mostram bastante fidelidade para viver com eles...

CAPÍTULO 68
Mediunidade e perseverança

Mediunidade pede atenção especial num capítulo: perseverança.

São muitos os candidatos ao serviço do intercâmbio espiritual que, mal começam a iniciação, querem chegar ao fim.

Transmitem a palavra de companheiros desencarnados num dia e admitem a possibilidade de assimilar o ensinamento dos instrutores da Vida Maior em outro.

Ignoram que o medianeiro terrestre está diante dos luminares do Universo, à feição do aprendiz perante o professor.

Certamente, o aluno interpretará o mestre, isso, porém, não se verifica sem que atenda aos preceitos da escola.

Ninguém afirmará que o pupilo das letras primárias não seja estudante nem se pode sonegar o contato dele com os diretores do estabelecimento de ensino. Contudo, para que exprima o ensinamento dos mentores da instituição, há que satisfazer a vários currículos com o auxílio de autoridades intermediárias e somente à custa de aplicação e tempo conseguirá altura de nível para ombrear com eles.

Por que isso aconteça não significa que o educando deva desistir do aprendizado.

Toda experiência de natureza moral subordina-se a princípios de desenvolvimento qual ocorre na ordem física.

O fruto não aparece no dia da flor.

A casa não se materializa simplesmente porque o projetista haja traçado um esboço perfeito.

Entusiasmo aquece o trabalho, mas não substitui o serviço.

Ideal define a obra, sem ser a construção.

Tudo o que é alguma coisa exigiu começo.

Faculdades mediúnicas não escapariam às leis de nascimento e maturação.

Abandonemos o sentido de pressa nas edificações do Espírito.

Toda precipitação é fator predisponente do desastre e findo o acidente é impossível prever as dificuldades do reajuste.

Mantenhamos a constância no estudo e na ação.

Persistência é lealdade à consciência.

O médium evoluirá trabalhando e se elevará servindo. Nada de reclamações nem bravatas.

Tomemos cada qual de nós, os tarefeiros desencarnados e os seareiros do plano material, as obrigações que nos competem sem o intento de exceder a nossa capacidade, mas sem deixar de sermos úteis a pretexto de modéstia.

Estimemos a preparação.

Razoável refletir que em matéria de ministrar revelações das Esferas Superiores aos caminhos humanos, Jesus despendeu trinta anos na Terra para evangelizar aproximadamente por trinta e seis meses e Allan Kardec aprontou-se por mais de meio século para doutrinar num período de pouco mais de dois lustros.

Estudemos a lição.

CAPÍTULO 69

Orientação espiritual

Decerto que os Espíritos simpáticos se rejubilam com o ensejo de se comunicarem com todos aqueles que lhes são afeiçoados no mundo. Alegram-se com a ternura que se lhes consagra à memória e edificam-se com a possibilidade de se fazerem compreendidos.

Natural, por isso, que as criaturas em estágio no plano físico se dirijam a eles, confiantemente, na condição dos que se entendem com amigos reais.

Dar-se-á, porém, que tão só por semelhante motivo tenham o direito de lhes exigir opinião e orientação nos casos de consciência ou nos assuntos de natureza policial?

Escolher o noivo ou a companheira, reacender afetos esquecidos, realizar determinados negócios terrestres ou influenciar a formação de documentos alusivos a interesses do mundo constituem problemas da responsabilidade expressa de cada um.

Por outro lado, chamar os amigos espirituais para identificação de malfeitores, balizagem dos locais de acidentes obscuros, indicação técnica de objetos perdidos e reencontro de parentes que desertaram, voluntariamente, de casa, é o mesmo que intentar a transformação de professores abnegados e benfeitores afetuosos em adivinhos.

Claro que se determinada informação surge, espontânea, do plano invisível, em torno de ideias específicas, isso é sinal de que autoridades superiores deliberam no esclarecimento visando a objetivos de benefício geral, no entanto, importa saibamos enfrentar, seja em grupo ou individualmente, com raciocínio e lógica, os desafios que merecemos ou necessitamos da vida para atingir os valores a que nos propomos nas trilhas da evolução.

Simplesmente porque os pais sejam carinhosos e bons não podem os filhos reclamar se convertam em ledores de sorte e porque desfrute a pessoa a complacência de um homem superior, não é isso razão para que lhe peça serviço incompatível com a dignidade que usufrui.

Coloquemos a Doutrina Espírita acima de nossos desejos e impulsos, por escola que nos eduque diante da Espiritualidade Maior e, em todas as questões do caminho, às vezes pequeninas e insignificantes no julgamento dos outros, mas grandes e importantes para nós, aprendamos a buscar na oração a luz precisa, a fim de que não venhamos a fugir indebitamente de nossos compromissos e para que as oportunidades de melhoria e aprimoramento não se afastem de nós.

CAPÍTULO 70

Senhor e Mestre!

︶

Jesus!

Ante o Espiritismo que nos confiaste por teu Evangelho Redivivo, fortalece-nos o coração para que te sejamos leais à confiança.

Na defesa da luz contra o assalto das trevas, não permitas que a presunção nos tome o lugar da certeza nas verdades que nos legaste nem deixes que a névoa da acomodação destrutiva nos entorpeça o ânimo no pressuposto de guardar o espírito na falsa tranquilidade das aparências.

Chamados à confissão de nossa fé livra-nos, Senhor, dos delitos da intolerância, contudo, clareia-nos o raciocínio para que te expliquemos as boas-novas sem os prejuízos da superstição e sem as teias da ignorância.

Nas horas difíceis da verdade, afasta-nos da violência e da paixão menos digna, no entanto, sustenta-nos a sinceridade para que pronunciemos a palavra equilibrada e certa, sem a hipocrisia do silêncio culposo.

Impelidos à luta do bem que vence o mal, suprime-nos a cegueira das conveniências e interesses particulares para que o orgulho não nos tisne as decisões, todavia, esclarece-nos a alma a fim de que preguiça e deserção não nos ocupem a existência por suposta humildade.

Senhor, eis-nos à frente da Doutrina Espírita na condição de teus servos, responsáveis pela obra divina de nossa própria libertação espiritual.

Guia-nos no trabalho, iluminando-nos o entendimento, neutraliza as imperfeições que trazemos ainda e faze-nos, fiéis a ti, hoje e sempre.

Assim seja.

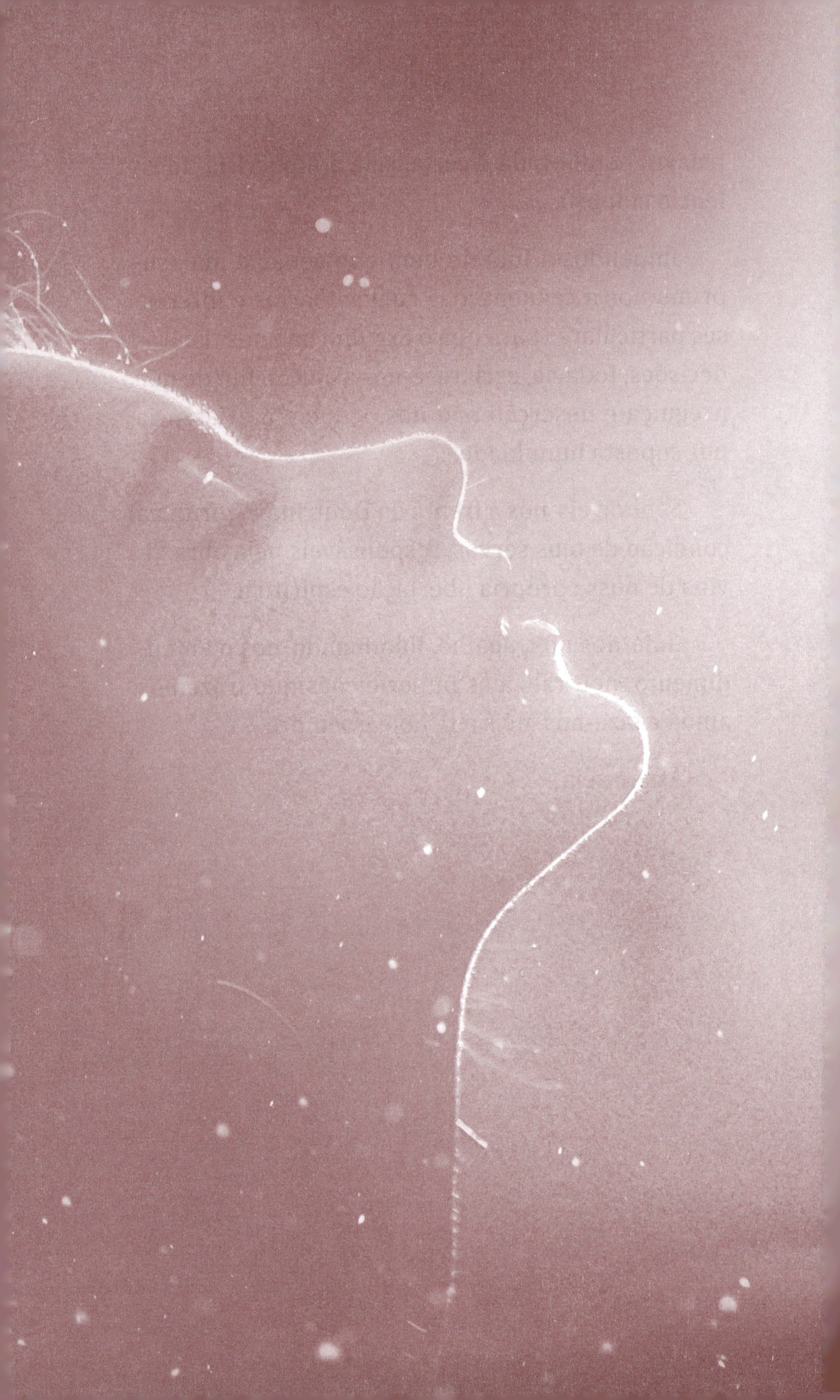

Índice geral[3]

Alegria
  discernimento do bem e do mal – 5
  obediência servindo à * de todos – 5
  triunfo íntimo da alma – 5

Alma
  aquisição da cultura – 46
  doença – 12
  iluminação da * no desemprenho do dever – 52
  observância dos expressivos estados – 20
  semeadores – 23
  sociedade de interesse da * perante Deus – 10

Amar
  definição – 10

Amesendar
  significado da expressão – 58, nota

Amor
  considerações – 54
  desnível de nosso senso de * e justiça – 50
  limites do * ao próximo – 16
  sofrimento e serviço – 36

Apostolado
  coroamento de todo um * de vida – 21

Autoauscultação
  visão do próprio comportamento na vida exterior – 50

---

[3] N.E.: Remete ao capítulo.

Autossugestão
    importância – 26

Bem
    avaliação do * e do belo – 37
    coragem para ser feito – 2
    crivo da razão para retenção – 26
    entendimento e prática – 1
    esforço no *, oportunidade de resgate – 31
    fortalecimento – 21
    prática do * e idade determinada – 19
    prejuízo na edificação – 35
    produção para o * geral – 54

Bom(ns) Espírito(s)
    representação da bondade e da sabedoria do Cristo – 52

Bondade de Deus
    exaltação – 12

Brandura
    significado da palavra – 53

Caridade
    agradecimento da * nas horas do erro – 63
    base da Terceira Revelação – 29
    composição – 20
    cultivo da * da justiça – 40
    cumprimento do dever – 39
    dádiva das horas, * do tempo – 41
    definição – 11, 42
    metro da * sob a luz da consciência – 58
    prática a * de Deus – 42
    processos evolutivos – 42
    tema novo da * do tempo – 41
    tratamento igualitário – 40
    troca de conceitos – 39

Casamento
    consórcio de realizações e concessões mútuas – 10

Ciência
    resíduos das superstições humanas – 22

Codificador *ver* Allan Kardec

Cônjuges
    pontos essenciais – 9

Coração
    portas do * para o mal – 26

Coragem
    arremesso do espírito para destruição – 2

Cordura
    significado da expressão – 53, nota

Criação
    objetivo maior – 37

Criador *ver* Deus
    essência dos atributos – 54

Cristianismo
    base – 22

Cristianismo Renascente *ver* Espiritismo

Cristo
    início do serviço – 19
    valorização da vida – 7

Descanso
    necessidade de * e refazimento – 3

Desencarnação
    tipo de paciência – 18

Desobsessão
    apontamentos básicos – 31

Destino
    alavanca do * na vontade – 51
    testes do * no aproveitamento dos valores – 47

Deus
    anteposição ao momento – 23
    transferência das responsabilidades – 24

Dinheiro
    freio do discernimento – 48
    vida acima das atrações – 28

Disciplina
    fuga da * ou da ordem – 64

Dívida cármica
    modificações – 19

Divórcio
    edificação adiada – 10

Doutrina Espírita *ver também* Espiritismo
    acepção exata do tempo – 25
    escola da fé raciocinada – 4, 26
    fé raciocinada – 17
    felicidade de crer – 22
    instituto universal de ensino e proteção – 46
    problema do lar – 10

Educação
    princípio que dignifica a vida – 29

Enfermo
    reclamação do remédio aplicado – 16

Espírita(s)
    abnegados apóstolos do Senhor – 57
    ardor dos * nos ensinamentos – 56
    considerações – 34
    cumprimento dos deveres – 14
    ideal – 13, 14
    importância do conhecimento * no reino da alma – 56
    indagação da consciência – 34
    mensagem da imortalidade – 12
    obrigação de estudo e reflexão – 29
    perigos no serviço – 64
    reforma – 38
    responsabilidades contraídas para a reencarnação – 66
    sintonia com os Bons Espíritos – 1

Espiritismo *ver também* Doutrina Espírita
    amor de Jesus em ação – 64
    atos compreendidos e patrocinados – 62
    avanço – 6
    base – 29
    composição – 53
    doutrina da fé raciocinada – 26
    doutrina do discernimento – 3
    reconhecimento do mérito dos agentes humanos – 57
    religião de livre exame – 4
    rompimento dos condicionamentos inferiores – 22
    surgimento – 57
    tarefa primordial – 11

Espírito
    crença nas realidades – 12
    resto a pagar no balanço do * devedor – 10

Espírito desencarnado
    instrumento de sondagem da mente humana – 7

Eternidade
    dinamismo incessante – 15

Fé
    imposição da * religiosa – 23

Felicidade
    ajuda na manutenção da * comum – 44
    definição – 5, 16
    edificação da * comum – 14
    edificação da * e uso do livre-arbítrio – 51
    garantia – 37

Firmamento
    comparação da existência terrestre – 47

Fora da caridade não há salvação
    síntese dos postulados do Cristo – 11

Fraternidade
    importância – 1

Futuro
    trabalho e preparação – 23

Homem primitivo
    reencarnação – 33

Humanidade
    necessidade do conhecimento espírita – 56
    supressão das provações – 51

Humildade
    abolição do desculpismo – 8
    favorecimento à ascensão espiritual – 8
    médium do amor de Cristo – 8
    tua hora – 8

Idade espiritual
    conhecimento – 16

Ideal
    visita aos irmãos de * e trabalho – 4

Imaginação
    força maravilhosa – 65
    semelhante deidade acende cartazes luminosos – 65

Introspecção
    constatação da expressão de nosso espírito – 50

Irmão(s) do contra
    férteis no mal – 59
    hospedeiros do pessimismo – 59
    oposição à marcha dos trabalhos de fraternidade – 59

Jesus
    base do Cristianismo – 22
    cerimônias e rituais – 22
    exemplificação de coragem – 2
    oração de *, modelo de concisão e
      simplicidade – 22
    revelações das Esferas Superiores – 68

Justiça
    princípio que dignifica a vida – 29

Kardec, Allan
    chaves elucidativas – 6
    Codificador – 57
    formação da Doutrina – 57

Lei de Causa e Efeito
    regime de responsabilidade – 49
    resposta perante – 3

Leis Divinas
    base dos deveres e direitos – 33

Linguagem
    lamentável emprego de * empolada – 45

Lista diária
    organização da nossa * de impropriedades – 66

Livre-arbítrio
    aplicação – 30
    uso do * e edificação da felicidade – 51

Livro dos espíritos, O
    monumento básico da Verdade – 57

Mal
    abertura das portas do coração – 26
    acomodação no * e tentação da preguiça – 61
    adornos do bem – 2
    culto do * e aprendizado do bem – 48
    não tanto quanto – 27
    remoção do * com lealdade ao bem – 43

Materialismo
    crescimento – 12
    doença da alma – 12

Matrimônio
    encontro ou reencontro – 10
    escola para os cônjuges – 9
    sociedade venerável de interesses da alma – 10

Médium
    aptidões estabelecem responsabilidades – 67
    educação, estudo e raciocínio – 67

Mediunidade
    demonstrações da sobrevivência – 67
    interpretação diversa – 58
    perseverança – 68
    talento comum a todos – 67

Mente
    faculdades da alma – 7
    processos de vampirismo e destruição – 7
    zonas inacessíveis – 7

Mestre *ver* Jesus

Misericórdia
    consagração às obras – 62

Morte
    ressurgimento – 56

Mundo
    extinção das dores – 51

Mundo Espiritual
    entendimento da realidade – 14

Negligência
    prejuízos advindos da * ou da ostentação – 44

Nova Revelação *ver* Espiritismo

Obediência
    transformação da conceituação da palavra – 52

Obsessão
    insinuação – 3

Oração
    ante o Espiritismo – 70
    busca na * a luz precisa – 69

Otimismo
    definição – 43

Paciência
    real – 18
    suporte com * as provas do caminho – 49
    tipo de * na desencarnação – 18

Palavra
    abstenção de toda * leviana ou insensata – 31
    construção, destruição – 37

Paraíso
    fantasia imaginária – 12

Paz
    caminho da consolidação – 55

Perdão
    humildade no coração – 60
    incondicional – 60
    transformação em colaboradores da felicidade – 60

Perfeição
    caminhada no rumo – 37

Piedade
    considerações – 36
    rebaixamento dos sentimentos – 36
    virtude hipotética – 36

Plano invisível
    informação espontânea – 69

Precipitação
    fator predisponente à * do desastre – 68

Preguiça
   tentação na * e acomodação no mal – 61
Processo obsessivo
   brechas morais – 26
Propriedade
   importância – 32
   prestação de contas – 32
Providência Divina *ver também* Deus
   solicitação à * antes da reencarnação – 24
Psicofonia
   considerações – 31
Razão
   crivo da * para reter o bem – 26
Recém-desencarnado
   reajustamento do * na casa orgânica – 22
Reconhecimento
   frase aquecida de * e de amor – 21
Reencarnação
   divulgação do princípio – 10
   estudo – 50
Regeneração
   desafios – 43
Religião
   instituto de sublimação da alma – 62
   sinônimo de vida eterna – 22
Riqueza
   facilidades mantidas – 28

Sabedoria do Universo *ver* Deus

Seara espírita
    entrelaçamento de sentimentos e mãos – 35

Sementeira
    colheita de ciência ou de amor – 33

Socorro
    identificação da região moral onde o * se faça preciso – 61

Solidariedade
    integração na * real – 20

S.O.S.
    sinal de todas as nações – 47

Templo espírita
    visita – 4

Tempo
    crédito permanentemente aberto pelo Criador – 25
    desprezo – 15
    ritmo – 25
    tesouro divino – 25

Tentação
    estudo – 48
    significado do termo – 48

Terceira Revelação *ver também* Espiritismo
    base – 29

Terra
    cultura avançada – 46
    perda do sentido da vida – 51

Torre de marfim
:   recordação do Cristo em auxílio dos homens – 45

Trabalho
:   menosprezo ao * alheio – 45
    representação da escola – 48

Tristeza
:   pompas religiosas suscitam – 22

Valor(es)
:   condição para ampliação dos * humanos – 55

Vantagem
:   prejuízo – 30

Vida
:   construtor do que dispões – 55
    inadaptação à * familiar – 3
    modificação dos valores da * externa – 37
    perda do sentido da * na Terra – 51
    preparação do cérebro e do coração para a * Maior – 6
    princípios que dignificam – 29
    trânsito da * e sinalização peculiar – 47
    visão do próprio comportamento na * exterior – 50

Vigilância
:   descoberta do processo de auxílio – 61

Virtude
:   mérito da assistência às carências do corpo – 16

Vontade
:   alavanca do destino – 51

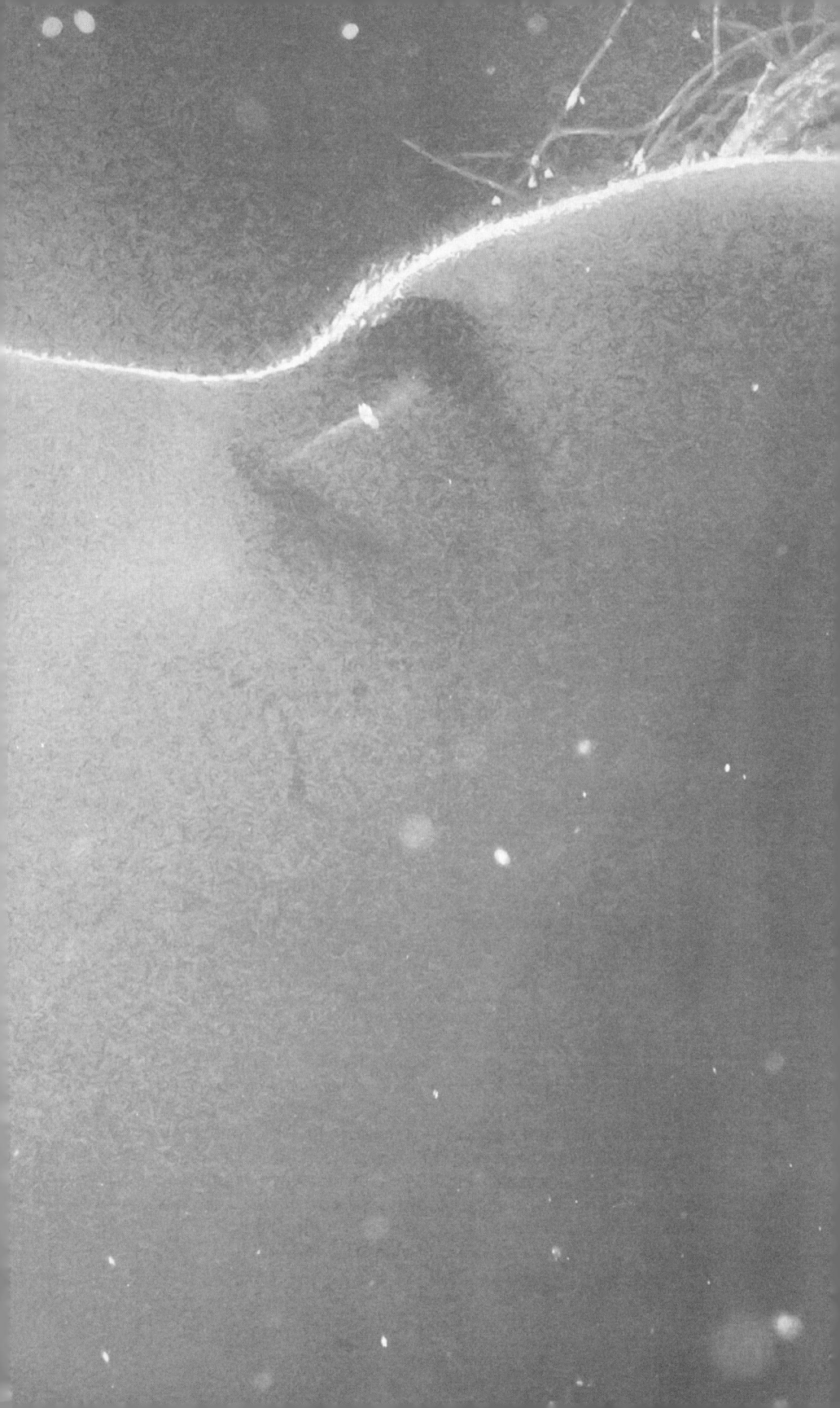

www.febeditora.com.br
/febeditora /febeditoraoficial /febeditora

Conselho Editorial:
*Jorge Godinho Barreto Nery – Presidente
Geraldo Campetti Sobrinho – Coord. Editorial
Cirne Ferreira de Araújo
Evandro Noleto Bezerra
Maria de Lourdes Pereira de Oliveira
Marta Antunes de Oliveira de Moura
Miriam Lúcia Herrera Masotti Dusi*

Produção Editorial:
*Elizabete de Jesus Moreira
Luciana Vecchi M. Cunha*

Revisão:
Wagna Carvalho

Capa, Diagramação e Projeto Gráfico:
César Oliveira

Foto de Capa:
pexels.com/alina-tomylko

Normalização Técnica:
Biblioteca de Obras Raras e Documentos Patrimoniais do Livro

Esta edição foi impressa pela Viena Gráfica e Editora Ltda., Santa Cruz do Rio Pardo, SP, com tiragem de 3 mil exemplares, todos em formato fechado de 155x230mm e com mancha de 100x180mm. Os papéis utilizados foram o Offset 75g/m² para o miolo e o Cartão 250g/m² para a capa. O texto principal foi composto em Cambria 13/18 e os títulos em Baskerville MT Std 32/26. Impresso no Brasil. *Presita en Brazilo.*